法律专家为民说法系列丛书

法律专家
教您如何聘请律师

洪韬福 编著

吉林文史出版社

图书在版编目（CIP）数据

法律专家教您如何聘请律师 / 洪韬福编著. — 长春: 吉林文史出版社
（法律专家为民说法系列丛书 / 张宏伟，吴晓明主编）
ISBN 978-7-5472-2752-7

Ⅰ．①法… Ⅱ．①洪… Ⅲ．①律师业务－案例－中国
Ⅳ．①D926.5

中国版本图书馆 CIP 数据核字 (2015) 第 043893 号

法律专家教您如何聘请律师

编　　著	洪韬福
责任编辑	李相梅
责任校对	宋茜茜
丛书主编	张宏伟　吴晓明
封面设计	清　风
美术编辑	李丽薇
出版发行	吉林文史出版社(长春市人民大街4646号)
	全国新华书店经销
印　　刷	三河市祥宏印务有限公司
开　　本	720mm×1000mm　1/16
印　　张	12
字　　数	100 千字
标准书号	ISBN 978-7-5472-2752-7
版　　次	2015 年 7 月第 1 版
印　　次	2018 年 6 月第 3 次
定　　价	35.00 元

如发现印装质量问题，影响阅读，请与印刷厂联系调换。

法律专家为民说法系列丛书

编委会

PREFACE

【前 言】

　　随着社会的发展，在生活中，我们难以避免会遇到一些小纠纷和法律性事务，而这些纠纷和事务处理起来又非常麻烦和棘手，既浪费时间又浪费人力、物力。通过聘请律师，使法律服务与人们的生活越来越近。首先，律师除具有法律专业知识外，还具有一般当事人所不具备的执业经验、诉讼技巧。其次，通过律师处理现代社会中有许多纯粹程序性的事务，会更加安全、稳妥和快捷。如果您非要什么事情都身体力行，把所有程序都摸清楚再去实践的话，恐怕什么都来不及了。而且准备这样那样的证据、资料、文件，难免会把您弄得晕头转。事实上，有了律师的帮助，您就会大大提高效率，会把事情安排得井井有条，该准备的文件一份都不会少，该进行的程序一个都不会错，甚至您还可以全权委托律师去办理一些事务，而把宝贵的时间和精力节省下来去做更重要的事情。

但从普通的民众角度出发，许多人对于如何聘请律师都存在很大的疑惑。这些疑惑往往表现为对律师及律师行业的不了解，以及由于对此不了解而产生的误解。例如：在什么情况下应该聘请律师？如何聘请一个适合自己的律师？律师费的计费方法有哪些？律师费与其他费用的区别？聘请律师要履行哪些手续？如何选择一名专业对口的律师？什么时候应该聘请律师？如何正确对待已经聘用的律师？怎样认定一名律师是否是执业律师？怎样寻找一名优秀的律师？等等。在聘请律师时会产生一系列这样的疑问，如何解答这些疑惑呢？编写一本教导普通民众如何聘请律师的书籍就显得十分必要。

本书通过简要介绍，一是让普通公民对律师及法律本身有个基本认识，消除其对法律及律师本身的误解；二是能为他们在聘请律师时提供参考，这些无疑具有极强的现实意义。

作者总结自己多年的律师执业经验，编写了本书。本书结合案例来讲解法律，深入浅出，通俗易懂，适合普通老百姓闲暇时学习法律使用。

由于笔者水平有限，加之时间仓促，书中有不足之处，请各位读者来信赐教。最后，衷心地希望此书的出版能给普通读者答疑解惑。

目 录
CONTENTS ·············

第一篇

聘请律师的程序

第一章　总述

1.什么情况下应该聘请律师

从总体上讲,两种情况下应当聘请律师:

(1)当发生法律纠纷时,甚至是在该纠纷即将开庭审理时,聘请律师。解决纠纷需要具备相应的法律专业知识和处理纠纷的丰富经验,在充分了解利弊、权衡得失的基础上才能确定恰当的解决方案和解决途径。这种情况下聘请律师,是为了最大限度地争取利益、减少损失,更好地维护自身的合法权益。

(2)为避免今后产生纠纷或为了规避法律风险,在日常经营或生活中聘请律师。如在企业的日常经营管理中,在遗嘱的订立前,在合同的订立、履行过程中,在商务谈判中等聘请律师指导日常的法律行为。这种情况下聘请律师,一方面可以尽可能地避免、减少纠纷,另一方面是为了确保一旦纠纷发生时使自己处于最有利的法律地位。这是防患于未然的考虑。防范纠纷和解决纠纷都非常重要。尤其是防范纠纷,以前常常不被重视。而实际上,防范纠纷往往可以取得事半功倍的效果。

2.如何聘请一位适合自己的律师

如何聘请到一位适合自己的律师,是件比较困难的事。在聘请律师时,首先,应当聘请具有合法执业资格的律师。目前市场上,充斥着大量提供法律服务的假律师。其中有些具有一定的法律知识但并未取得国家颁发的执业资格,有些甚至连最基本的法律素质都不具备。因此其服务根本得不到有效保障。正规的律师,都具有律师执业证,上面记载着律师的唯一编号。这些资料可以在相关网上获取,也可以直接打电话去律师协会询问。其次,应根据自身实际情况选择合适的律师。合适的律师应该在办案精力、办案经验、业务能力以及职业道德等方面满足案件的需要,但不应当盲目追求律师的名气与影响。律师的名气、地位不但与律师费相关,也会和办案精力密切相关。只请对的律师,不请贵的律师,也不是盲目聘请最便宜的律师。在实际案件中,如何聘请律师呢?应当从以下几个步骤来做,每一步骤都应当细心谨慎。

第一步:考察。

在考察一名律师时,可以先通过电话沟通的方式从中筛选出解答比较好的律师,再约定具体的面谈时间。怎样通过电话中律师的解答来确定该律师是否值得一见,那就需当事人自己直观的感觉了,从电话中的言谈、热情度、分析能力及表达能力来判定。其次是面谈。面谈并不是单纯地和律师见面谈案情,听律师的解答,此处的面谈包括:该律师所处的办公环境、律师事务所的规模,该律师的衣着、装扮、举止、谈吐,所有的一切都会入当事人的法眼,继而是案情的分析。业务能力强的律师分析案情条理清晰、思维敏捷,有理有据、解答肯定,不用猜测性的语言、吐字清楚。所有的当事人最关心的莫过于案子的结果,胜败的概率,也就是有几分把握。诚信的律师会事实就是地回答,不夸大,不缩小;非诚信的律师为了急于成案,稳稳地抓住当事人的心理,夸大胜诉结果,从案子本身到人际关系均拍着胸脯并保证此案必胜。不理智的当事人此刻就会慷慨解囊,代理费双手供奉,心里还暗暗庆幸找到一位"超能力"律师。理智的当事人会对律师的解答加以分析。

第二步:比较。

从两个角度来说,怎样才能证明一位律师的业务水平高低,通过比较,没有比较没有筛选,没有筛选没有选择。这些选择,是为了聘请到合适的律师,合适的律师既包括专业水平,也包括职业道德素质。多去几家律师事务所,多找几位律师面谈。对律师的法律知识、经验及人品等进行多方面的考察,最后再决定将自己手中的案子交给什么样的律师,那么此举距离案子的成功已迈出了三分之一步。

第三步:签委托代理合同。

当事人已决定委托律师后,签订的代理委托合同大都是律师事务所的格式合同。对律师的信任,并不代表着完全对律师事务所的信任,对于律师事务所提供的格式委托合同,不要急于下笔,看清楚后再下笔签下自己的名。至此委托律师的整个程序已完成,剩下的工作就是委托律师的工作。

千万不要认为律师只能担任诉讼代理人或者辩护人，在日常生活中，律师还能维护你的合法权益不受侵犯，解决你与他人之间的分歧争端。当然，你的合法主张需要百分之百地实现，就必须得到一位好律师的支持，那么什么样的律师是一位好律师呢？下面三个特性可以帮助你来判断：(1)律师服务的高效性，即好律师必须思路敏捷，工作踏实勤快，能充分施展自己的才能，最快完成当事人的委托；(2)律师服务的准确性，即好律师必须准确地运用掌握的法律知识及法律信息，制订正确有效的计划和方案，通过一系列必要的法律活动来全面实现当事人的合法主张；(3)律师服务的圆满性，它是评价律师服务提供结束后，服务结果是最终成绩的关键特性，它还涉及律师在提供服务过程中，律师与委托人之间的交流是否融洽、满意。

聘请律师前的准备。聘请律师前，首先要搜集有关资料，尽可能地搜集与纠纷事件相关的资料，万万不可以自己的知识或好恶去判断资料的取舍，哪怕是那些你不想让第三者知道的"隐私"，都应如实转告给自己委托的律师，因为这些就是律师工作的材料和工具。让你信赖的律师来厘清头绪，判断资料的重要性。如果隐瞒了可能对自己不利的资料，律师固然不知道，但你的对方呢，如果他(她)掌握了这些资料，在法庭上和盘托出，那你将会处于何种不利的状况是可想而知的，而那时你的律师也可能因为缺乏必要的准备爱莫能助。在一起离婚诉讼中，委托人委托律师时，闭口不谈自己与其他异性朋友交往的事情，甚至在法庭上还无端指责丈夫生活作风不正，结果被激怒的对方当庭抛出一些不利于那位女士的照片，使得律师措手不及，当然那位女士也非常狼狈。幸运的是那位优秀的律师最后运用法律得当，还是维护了那位女士的合法权益。委托人出于某种动机对自己所聘请的律师隐瞒某些事实,到头来倒霉的还是委托人自己。相反,委托人及时向律师告知案情的不利之处,或许律师还能够帮助委托人采取一些弥补的措施。

整理好全部资料后,可能就已经知道自己需要聘请一位有何种特长的律师了。可是没有一位高明的律师能够对法律知识无所不知,不要奢望自己能够聘请到一位十全十美的律师。聘请律师就像平时患病上医院就诊一样,你必须明白自己要选择的是内科医生,还是外科医生,你绝不会因为自己患眼疾而去找皮肤科医生。

选择律师的方法:

(1)选择工作条件较好的律师:当你忐忑不安地走进律师事务所,去聘请一位律师时,你首先要观察一下这家律师事务所是否是一家有条不紊的律师事务所。要知道,你所聘请的律师不再是以前单枪匹马的"讼师",而是需要整个律师事务所为之协同配合的好律师。很难想象一个律师会在管理混乱、得不到任何支持的律师事务所里有所作为,具体方面,可以从该事务所人员的接待态度、联系律师的方法、文印速度来体现。此外,你还要注意,接待你的律师是通过何种方式来查询法律信息的。国外及国内管理有素的律师事务所,大多运用先进的电脑技术,即律师事务所设有专职人员收集汇编法律信息并及时编录在电脑中,以便律师随时调取使用。这一点在我国的律师业务开展中,作用尤为突出。由于我国法制建设尚不健全完备,所以每年新颁布的法律、法规以及配合法律、法规实施的司法解释不下上百件,如果让每一位律师花费精力从书本中搜集、查询、保留这些法律信息的话,哪还有充沛的精力去为委托人尽心尽力地服务?然而全面及时地了解掌握法律信息,在整个律师业务活动中起着举足轻重的作用。因此,选择一家管理完善、运作有序的律师事务所,是选择一位好律师的前提。

(2)选择认真了解案情的律师。第一次和接待律师面对面谈及委托事宜时,在完整回答律师提问的同时,还要好好地观察律师是怎样了解事件情况、案件背景、证据资料的,因为这是律师第一次接触你的案件,他必须全面完整地把握案件资料。一位好律师必须详细地了解案件,为日后开展律师工作做好充分的准备。你也可以从律师的提问中,来看律师是否已经全面了解了案情,是否抓住了问题的关键所在。如果你遇到的律师,不是仔细询问了解情况,而是自吹自擂,吹嘘自己以前办理过哪些有名案件,或者与某位法官的关系如何密切,或是向你拍胸打包票,你就应该毫不犹豫地回绝这种不是依靠案件的资料、自己的真才实学,而是希望通过违法的疏通关系来达到胜诉目的的律师,你能信任这样无视法律的律师吗?更何况这类"司法丑闻"已揭露了不少,又有多少当事人从中获益的呢?

(3)选择能分析案情、告诉你方案的律师。在向你了解整个案件后,好律师分析出案情的关键所在及潜在问题,这些都将决定以后案件的输赢。有些问题是你意想不到的,但好律师会从一团乱麻中厘清思绪,发现问题,并且向你提供一个解决问题的较完整的方案。你可以从这个方案中来判断关键症结是否抓住,方案是否可行,方案是否有创意。如果接待你的律师提问抓不住要领,谈及案情不能突出中心,提供方案模棱两可,这可能就不是可依托的律师,你只能另寻高人了。

(4)选择那些让你有选择余地的律师。听完律师全部的案情分析及办案方案后,好律师会给你充分的时间考虑、选择,他所关心的是这件案件受理后最终结果是否圆满，而不是你是否会聘用他。他还会认真向你解释有关聘用律师的合同、律师收费状况。目前，律师收费有统一收费标准。你可以要求律师出示律师事务所的收费标准，你要认真阅读，并且理解聘用律师合同，很可能你支付了律师的代理费用外，还要承担其他诸如律师交通费、调查费用、鉴定费用等，当然这些费用理所当然地要由你承担。如果律师在和你讨论完案件后，很快拿出合同不加解释地要你签订，或者说"如果你马上签订合同可以减免收费"等，你就要留神了，他可能不是真正关心你的权益，而是为了招揽生意。按照司法部有关规定，除了属于可以减免收费的案件外，律师无正当理由，以在规定收费标准以下收费为条件吸引客户的，属不正当竞争行为。律师的收入主要来源于律师业务收费，从这一点讲律师不会随意降低收费，除非他想的是"薄利多销"，但是"薄利多销"的最终恶果是，他在每一位顾客的案件上所花费的工作时间也会减为最少。目前，我国的律师收费还是相当低廉，一般人不会因为贪图减免有限的律师聘用费用，而去聘请一位不太理想的律师。

请与你的律师保持联系。当你选择并聘请了律师后，不要以为大事已有所托而不再关心，一直不打电话与律师联系，而是要经常保持联系，了解案情进展状况，并且及时向律师补充和提供你自己所掌握的最新情况，以便让律师及时修正行动方案，提供最好的服务。当然，不要总是拿相同的问题去纠缠律师。律师的工作非常繁忙，不要多占他替你工作的时间。比如有的委托人委托律师替他办理商品房买卖手续，每天都有五个以上电话来询问进展情况及了解购房的具体法律规定，当然最终的圆满购房并不是他每天多次催促的成果，而是律师与房产商据理力争的结果,但客观上这位委托人每天确实浪费了律师许多宝贵时间。

3.律师费的计费方法

目前律师费的收费方法,主要有四种,下面分别介绍其:

(1)计件固定收费模式。按件收费即固定收费,也就是说不管案件最终的处理结果如何,都是按照事先约定的金额收取律师费。这种收费方式的好处是简单明了,一般不容易产生误解和分歧。缺点是,律师费的高低,无法与案件处理的结果相挂钩。

(2)半风险收费模式。半风险收费模式,即在代理协议签订时暂付部分律师费,如果案件最终的处理结果达到了较好的预期,则在结案后另行支付一笔律师费作为胜诉提成,倘若案件处理的结果没有达到预期设想,则无需再支付第二笔费用了。这种付费模式将风险分担到了客户与律师身上,如果案件处理不佳,当事人支付的律师费少,自然能够心态平衡,案件结果佳,就算支付的律师费稍微高一点,当事人也会觉得物有所值。

下面,用同一当事人与律师之间就同一案件的洽谈进行模拟举例。假如第一种固定收费模式下约定案件代理费为 3 万元,那么不管案件的结果如何当事人都需要就本案支付 3 万元律师费。那么如果套用到第二种半风险收费模式中,则有可能首付 1.5 万元,如果案件结果满意,则需另行支付 2 万元,即共计支付 3.5 万元,如果案件处理结果不好,则无需再支付任何费用了,这样则共计只需支付 1.5 万元。

(3)全风险收费模式。即在聘请律师之初,无需支付任何律师费,也就是说律师先给你免费干活,待案件结束后再根据案件的结果,按照事先约定的比例付费。因为律师承担的风险较大,所以全风险付费的比例往往都很高,通常 25—50% 不等。当然,这种付费方式和比例需要由双方协商一致,也有很多律师事务所或律师原则上不接受这种收费方式。例如,当事人聘请某律师追讨债款 100 万,双方约定待案件结束后根据实际要回来的钱,按 35% 的比例支付律师费。假如最终成功地索要回 80 万欠款,那么当事人就应当支付律师费 28 万。

(4)按工作小时计时收费。按小时计算律师费,即以工作时间作为统计律师费的基数。不少律师在解答咨询或起草文件的时候,往往采取计时收费方式。不过,这种收费方式由于无法有效监督,需要律师自律,所以往往在国内得不到当事人的信任。另需指出,具体的收费方式及数额,由双方在《聘请律师合同》中做出明确约定。

4.律师费与其他费用的区别

没有诉讼经验的当事人有可能会以为,律师费就是其处理整个案件的全部费用或成本,这是不对的。律师费即律师代理费,是指律师为委托人代理法律事务应当收取的报酬。律师费往往只是处理某法律事务全部成本与费用的一部分,除律师费外,当事人还可能需要向法院支付诉讼费、办理公证支出的公证费等其他费用,这些费用与律师费无关,最终也不由律师收取(但律师有可能代收代缴)。

律师费具有以下特点:

(1)律师应当以其所在律师事务所的名义统一收案收费,不得私下收取律师费。

(2)律师费不同于办案经费,律师为处理受托事务支出的必要费用仍需委托人承担。

(3)律师费不同于诉讼费,律师费是基于委托关系产生的民事代理费用,诉讼费是基于向法院提起诉讼产生的强制性费用。律师费是可协商的,诉讼费是不可协商的。

5.核实律师费包含的代理范围

我国的诉讼模式实行的是"四级两审终审制",也就是说全国一共是四级法院(分别是基层法院、市中院、省高院以及最高法院)。任何一个案件都只能经过两级法院审理便终止了,特殊情况下可能再审,但这都是例外情形。所以,一个案件的处理,全部程序应该包括:一审、二审以及强制执行,一共三个阶段。当然并不意味着每个案件必须经过这三个阶段,比如一审判决后,双方都服判了,那就没有二审了;如果当事人主动履行判决内容,也就没有执行阶段了。

所以,在签订代理合同,支付律师费之前,应该确认核实,这笔律师费包括哪几个阶段的律师费。通常而言,如果未作特别说明,往往只是指向一个代理阶段的。有一位当事人咨询律师一个案件,根据他的实际情况,律师给出的价钱是 1 万元律师费,这 1 万元律师费包含一审、二审以及执行阶段。当事人可能只是盲目地记住了"1 万元律师费"这个信息,而忽视了后面的说明(1 万元包含了一审、二审两个阶段的全部律师费)。几个月之后,当事人又找到了这位律师,说上次的案件他联系了另一位律师处理,因为那位律师的报价低,只需 8000 元。接着他说:"一审虽然结束了,但对方上诉了,马上就要二审开庭了,那位律师告诉我要再缴纳 8000 元律师费,我当初以为一共只要 8000 元,现在觉得被坑了。"在看完他签的代理合同后,这位律师告诉他:"那位律师没有违法,也没有坑你,因为代理合同上明确写明 8000 元代理一审诉讼,既然现在马上进行二审诉讼,当然需要另行签订合同并付费了。"这就属于当事人盲目忽略合同细节的例子。

6.聘请律师要履行哪些手续

当事人在准备聘请一位律师时,应当履行哪些手续呢? 首先,与律师所在的律师事务所签订律师服务合同;其次,根据律师服务合同的约定向律师事务所支付律师费,并由律师事务所出具税务发票;最后,根据律师服务合同的约定,向律师出具办理法律事务必需的授权委托书。

有些手续根据具体的案件性质有所不同。正式聘请律师担任刑事案件的辩护人或者民事、行政案件的代理人，必须办理一定的手续方可成立。这些手续主要是：

（1）到律师事务所办理委托手续。律师事务所认为可以接受聘请的，应当与当事人签订聘请律师合同，办理委托手续，明确当事人和律师事务所的权利、义务关系，应写明由律师事务所指派办理此案的律师姓名，并由当事人和律师事务所签名、盖章，注明合同订立日期。

（2）如代他人聘请律师，应当向律师事务所提交有关委托聘请律师的证明文件，律师事务所方可接受聘请。

（3）交纳聘请律师费。律师的法律服务是一种有偿服务，因此当事人在聘请律师时，必须交纳一定的律师费用。一般由律师事务所根据《律师收费试行办法》的规定，依照承办业务的繁简程度，需时长短和诉讼标的的多少等实际情况，向当事人收取规定幅度内的办案费用。当然，对于确实无力交纳律师费用的当事人，律师事务所可以减、免费用或者尽量少收费为其提供法律帮助。目前，律师个人不得私自接收聘请和自行收取费用。要请律师必须到律师事务所统一办理手续。但如果委托人要聘请指定律师，可以向律师事务所提出，在一般情况下，律师事务所是可以满足这一要求的。

第二章 聘请律师的程序

1.协商、签约阶段

第一,当事人聘请律师要全面了解律师事务所及承办律师的从业资质、服务标准、收费标准、联系方式等基本信息,慎重作出选择。查询律师和律师事务所从业资质可以登录各地的网站查询,也可以直接向各地市司法局或各地方律师协会咨询。当事人在聘请律师时,应当注意,根据相关法律规定,律师事务所在签订委托协议时应主动出示"律师事务所执业许可证",承办律师应主动出示"律师执业证"。律师事务所应一次性全部告知委托人关于本所及承办律师的从业资质、服务标准、收费项目、收费标准、办公地点、联系方式和承办律师的身份信息、肖像信息,并同时告知投诉部门的联系方式。对于上述内容,律师事务所应以展板、电脑等方便群众知悉、符合律师行业特点的方式予以明示。

第二,当事人应与律师事务所签订书面委托协议,变更或增加委托内容时也应签订书面协议。书面委托协议应当包括委托事项、保密条款等,当事人应注意保留自己与律师事务所或者承办律师签订的委托协议及材料。

第三,律师事务所和承办律师应当谨慎、诚实、客观地告知委托人拟委托事项可能出现的法律风险,包括败诉风险、执行风险等,并讲解《律师业避免利益冲突的规则》,让委托人了解自己在各个诉讼环节可能遇到的风险。

第四,当事人应当注意,根据《中华人民共和国律师法》规定,下列人员不得以律师名义执业,或者为牟取经济利益从事诉讼代理或者辩护业务:

(1)持有"律师资格证书"或"法律职业资格证书"的人员;

(2)持有"实习律师培训结业证"的人员;

(3)持有"实习律师工作证"的人员;

(4)律师事务所的其他工作人员;

(5)律师执业证书未经省、自治区、直辖市司法行政部门当年注册的人员;

(6)在校全日制学生;

(7)持有"公职律师证"、"公司律师证"的人员,不得面向社会从事有偿法律服务;

(8)其他公民、社会组织。

2.服务阶段

第一, 承办律师应当按照法律规定和委托协议约定全面履行包括调查取证义务、出庭义务以及证据、诉讼文件以及有关财物安全、妥善的保管义务在内的法定义务和约定义务。同一委托人聘请的律师之间应明确分工，密切协作，意见不一致时应及时通报委托人决定。

第二，律师在执业活动中不得有下列行为。

(1)私自接受委托，私自向委托人收取费用，收受委托人的财物；

(2)接受委托后，无正当理由的，拒绝辩护或者代理，但委托事项违法，委托人利用律师提供的服务从事违法活动或者委托人隐瞒事实的除外；

(3)利用提供法律服务的便利牟取当事人争议的权益；

(4)违反规定会见法官、检察官、仲裁员；

(5)向法官、检察官以及其他工作人员请客送礼或者行贿，或者指使、诱导当事人行贿；

(6)提供虚假证据，隐瞒事实或者威胁、利诱他人提供虚假证据，隐瞒事实以及妨碍对方当事人合法取得证据；

(7)泄露在执业活动中知悉的国家秘密和当事人的商业秘密，泄露当事人的隐私；

(8)在同一案件中，为双方当事人担任代理人；

(9)同时在两个或两个以上律师事务所执业；

(10)以诋毁其他律师或者支付介绍费等不正当手段争揽业务；

(11)拒绝或者懈怠指派承担的法律援助义务；

(12)宣扬自己与司法机关、行政执法机关及其工作人员具有密切关系，或者利用这种关系进行不正当竞争；

(13)与犯罪嫌疑人、被告人的近亲属或者其他人会见犯罪嫌疑人、被告人,或者借职务之便违反规定为被告人传递信件、钱物或者与案情有关的信息;

(14)接受当事人委托后,擅自转委托他人代理;

(15)超越委托权限,利用委托关系从事与委托代理的法律事务无关的活动;

(16)接受对方当事人利益或者向其要求或约定利益;

(17)在与委托人依法解除委托关系后,在同一案件中担任有利益冲突的他方当事人的代理人;

(18)非法阻止和干预对方当事人及其代理人进行的活动;

(19)在未征得委托人同意的情况下,接受对方当事人办理其他法律事务的委托,但办结委托事项后除外;

(20)阻挠或者拒绝委托人再委托其他律师参与法律服务;

(21)在明知的情况下为委托人非法的、不道德的或者具有欺诈性的要求或者行为提供服务和帮助。

第三,委托人与律师事务所签订委托协议后,委托协议有效期间内发生下列情形的:

(1)委托人与律师事务所或承办律师存在利益关系,或承办律师因身体健康原因无法继续代理的;

(2)承办律师丧失民事行为能力或被公安司法机关采取限制人身自由措施的;

(3)律师事务所或承办律师未经司法行政部门当年年检注册或受

到停止执业处罚的。

当存在上述情形时,有关律师事务所应当及时告知委托人,并及时与委托人协商,重新签订、变更委托协议更换律师或者采取其他解决办法,但应当符合《民法通则》《律师法》有关规定。

3.收费问题

(1)确定收费标准的考虑因素

①办理委托事项所需律师人数;

②办理委托事项所需工作时间;

③办理法律事务可能承担的风险和责任;

④委托事项的复杂程度;

⑤委托事项涉及的价值;

⑥办理委托事项所获得的结果;

⑦合理的成本;

⑧委托人的承受能力;

⑨律师的专业技能、社会知名度和经验;

⑩其他律师事务所对类似的委托事项的收费标准。

(2)收费票据的样式

委托人交纳律师费等费用时应向律师事务所索要合法发票及相关

费用票据。

（3）在为委托人服务过程中发生的下列费用，由委托人另行支付，另有约定的除外

①司法机关、行政机关、仲裁机构、鉴定机构、公证机关等部门收取的费用；

②合理的差旅费；

③为办理委托事项支付的查询费；

④经委托人同意支付的专家论证费、翻译费；

⑤经委托人同意支付的其他费用。

4.投诉举报

（1）律师应当受到行政处罚及行业纪律处分的行为

《律师和律师事务所违法行为处罚办法》（司法部令第86号）及《律师协会会员违规行为处分规则（试行）》规定，对律师下列23种违法违规行为给予相应的行政处罚及行业纪律处分。

A.同时在律师事务所和其他法律服务机构执业的；

B.在同一案件中，同时为委托人及与委托人有利益冲突的第三人代理、辩护的；

C.在两个或者两个以上有利害关系的案件中，分别为有利益冲突

的当事人代理、辩护的;

D.担任法律顾问期间,为法律顾问单位的对方当事人或者有其他利益冲突的当事人代理、辩护的;

E.为争揽业务,向委托人作虚假承诺的;

F.利用媒体、广告或者其他方式进行不真实或者不适当宣传的;

G.捏造、散布虚假事实,损害、诋毁其他律师、律师事务所声誉的;

H.利用与司法机关、行政机关或者其他具有社会管理职能组织的关系,进行不正当竞争的;

I.接受委托后,不认真履行职责,给委托人造成损失的;

J.接受委托后,无正当理由不向委托人提供约定的法律服务的;

K.超越委托权限,从事与委托代理的法律事务无关的活动的;

L.接受委托后,故意损害委托人的利益,或者与对方当事人、第三人恶意串通侵害委托人利益的;

M.为阻挠委托人解除委托关系,威胁、恐吓委托人,或者无正当理由扣留委托人提供的材料的;

N.违反律师服务收费管理规定或者收费合同约定,向委托人索要规定或者约定之外的费用或者财物的;

O.执业期间以非律师身份从事法律服务的;

P.承办案件期间,在非工作时间、非工作场所,会见承办案件的法官、检察官、仲裁员或者其他有关工作人员,或者违反规定单方面会见法官、检察官、仲裁员或者其他有关工作人员的;

Q.曾担任法官、检察官的律师,在离任后两年内担任诉讼代理人或

者辩护人,或者担任其任职期间承办案件的代理人或者辩护人的;

R.违反规定携带非律师人员会见在押犯罪嫌疑人、被告人或者在押罪犯,或者在会见中违反有关管理规定的;

S.向司法行政机关或者律师协会提供虚假材料、隐瞒重要事实或者有其他弄虚作假行为的;

T.在受到停止执业处罚期间继续执业,或者在律师事务所被停业整顿期间、注销后继续以原所名义执业的;

U.有其他违法或者有悖律师职业道德、公民道德规范的行为,严重损害律师职业形象的;

V.无正当理由,不按时出庭参加诉讼或者仲裁的;

W.泄露当事人的商业秘密或者个人隐私的。

(2)投诉人为公民个人的,须提交以下材料

①投诉书(一式两份),投诉书内容如下:投诉人姓名、性别、工作单位、联系电话、通讯地址及邮政编码、被投诉的律师及其律师事务所投诉请求投诉事实与理由;

②投诉人与律师事务所签订的委托代理协议及授权委托书;

③律师事务所收费票据;

④投诉人身份证复印件;

⑤投诉人能够提供的证明其投诉主张的证据材料、相关的裁决书、判决书。

投诉人为单位的,须提交以下材料:

①投诉书(一式两份),投诉书内容如下:投诉单位名称、通讯地址

及邮政编码、法定代表人姓名、联系电话;被投诉的律师及其律师事务所;投诉请求;投诉事实与理由;

②投诉人与律师事务所签订的委托代理协议及授权委托书;

③律师事务所收费票据;

④单位营业执照副本复印件、法定代表人授权×××进行投诉的授权委托书及受托人身份证复印件;

⑤法定代表人身份证复印件;

⑥投诉人能够提供的证明其投诉主张的证据材料、相关的裁决书及判决书。

第三章 代理合同范本及收费标准

1.律师的收费标准

对于律师收费问题,各地方都有专门的行政规章予以规范,聘请律师的一般步骤为,先咨询,再聘用代理,最后交费。按有关法律规定,刑事案件中的被告人是盲、聋、哑及未成年人,或者被告人可能被判处死刑的必须有律师辩护,如果被告人没有能力请律师,法院将会为其指定律师提供法律援助。律师提供咨询服务按规定可以收取一定费用,但是现在很多律师事务所或个人律师提供免费的咨询。应该多咨询几个律师,并就律师的法律知识、办案能力、责任心等进行比较后选择最佳人选。选定律师后,需要和律师办理委托手续,签订委托合同。这是最重要的一个步骤,因为委托合同上会明确约定当事人和律师的权利和义务及有关事项,签订了委托合同、授权委托书就等于律师得到当事人的授权,可以正式代理当事人开展诉讼。在签订委托合同的同时,当事人还应交纳约定的代理费。以山东地区为例,一般情况下,律师办理不涉及财产的民事案件或仲裁案件按 500—5000 元 / 件的标准；行政案件按 300—3000 元 / 件的标准收费；办理涉及财产的民事、仲裁和行政案件，需按照财产标的额的一定比例分段收取，如 1 万元以下部分收取 1000 元，10001—10 万元部分按 4% 收取，100001—50 万元部分按 3% 收取，等等。律师办理刑事案件，需按案件进展分段收费，侦查阶段的各种法律服务收费从 50 元到 1000 元不等；起诉阶段按 500—3000 元 / 件收费；一审案件按 1000—6000 元 / 件收费；涉及财产关系的按民事案件中涉及财产关系的收费规定。对于案情复杂或者影响重大的案件，可以由律师与委托人在收费标准之上协商确定。另外，律师办理法律事务过程中发生的鉴定费、交通费、异地办案差旅费等应由委托人承担。

2.刑事案件聘请律师协议

本协议由以下双方：

_____ 律师事务所（以下简称"律师事务所"）：

当事人（以下简称"当事人"）：

根据《中华人民共和国律师法》和其他相关法律、法规的规定经双方协商一致达成协议如下：

一、法律服务范围

律师事务所接受当事人的委托指定承办律师，为当事人所提供的

法律服务(以下简称"案件")为：担任犯罪嫌疑人(被告人)_____

因_____案件的侦查阶段( )、审查起诉阶段( )、一审阶段( )、二

审阶段( )、阶段( )担任的代理人、辩护人。

二、承办律师

1.律师事务所指派律师、律师作为本协议法律服务事项的承办律师(以下简称"律师")。

2.在法律服务过程中,律师事务所有权根据法律服务的需要,另行指派律师事务所的其他律师、律师助理、秘书处理与本案有关的一般事务,包括但不限于:送达文件、调查、文件制作、文件复印、相关法律调研。

3.在法律服务过程中,如果律师离开律师事务所或者因其他原因无法代理当事人办理案件,律师事务所可以与当事人协商另行指派其他律师办理案件。

三、律师费用

1. 双方依照《_____市律师服务收费政府指导价标准》[_____价费(___)_____号]确定律师费收费方式如下:

[计件律师费] 双方经协商后确定,当事人委托律师事务所办理的案件以计件方式收取定额律师费,律师费总额为人民币(大写)_____元整。

[按时计算律师费]

1.双方经协商后确定,当事人委托律师事务所办理的案件以计时方式收取律师费,计时收费的标准为:律师费每小时_____元人民币,计时收费的最小单位为 0.1 小时,律师费总额为人民币(大

写)_____元。

2. 承办律师在办理案件中所发生的以下其他费用并不包含在上述律师费内,应由当事人另行承担。双方就其他费用的收费标准约定如下:

(1)长途电信费用:_____元。

(2)文件快递费:_____元。

(3)复印费用:_____元。

(4)调查档案费用:_____元。

(5)外地或境外差旅费:_____元。

3.律师事务所于当事人应当支付律师费之前,应向当事人发出书面的《律师费交费通知》,告知应支付律师费、其他费用的金额。当事人应当在收到费用清单后_____日内向律师事务所支付律师费和其他费用。律师事务所在收到委托的付款后,应当向当事人出具律师事务所专用发票。其他费由当事人先行支付,由律师事务所出具暂收条,事后凭发票据实结算。

四、甲乙双方权利和义务

律师事务所承办律师在向当事人提供法律服务时,行使并承担以下的权利和义务:

1.律师事务所应当行使并承担以下的权利和义务:

①律师事务所承办律师必须遵守律师执业道德和执业纪律;

②律师事务所承办律师应当勤勉尽责,维护当事人的最大利益;

③律师事务所承办律师应当及时向当事人报告有关案件的进展情况;

④律师事务所承办律师无权超越当事人授权行事。如果确有需要，应当由当事人另行给予明确的授权；

⑤律师事务所承办律师就本协议约定的律师费和其他费用以外，无权要求当事人支付任何其他款项，但是如有必要需律师代缴代付给其他机构的费用除外；

⑥律师事务所或承办律师变更联系信息的，应当及时通知当事人。

2.当事人应当行使并承担以下的权利和义务：

①与律师事务所和律师诚实合作，向律师事务所和律师如实提供与案件有关的资料信息、如实陈述与案件有关的情况；

②如与案件有关的情况和事实发生变化，应及时告知律师事务所或律师；

③如果当事人变更联系信息，应当及时通知律师事务所和律师；

④按照约定支付律师费和其他费用；

⑤无论何种情况，当事人向律师事务所和律师提出的要求均不得违反律师执业道德和执业纪律的规定。

五、保密条款

1. 律师事务所和律师对于当事人的相关信息以及案件有关的资料、文件和其他情况（以下简称"当事人秘密"）应当保守秘密，在未征得当事人同意的情况下，不得向任何第三方透露当事人秘密。

2.以下内容不可视为当事人秘密：

当事人或其他人准备或正在实施犯罪行为的证据；

可以公开查阅或取得的信息和资料；

本协议所约定的服务范围和授权权限的内容。

3.律师事务所和当事人另签订有保密协议的,应以保密协议的约定为准。

六、利益冲突

律师事务所和律师在提供法律服务时,应当就已经存在的或可能存在的,代理与当事人有利益冲突方的情况如实告知当事人。在发生利益冲突的情况下,当事人有权撤销对律师事务所或律师的授权;律师事务所有权作出回避的安排或接触本协议。

七、协议生效

本协议在双方签署后由当事人支付首次付款时生效,在此之前,律师事务所没有义务向当事人提供法律服务,但律师在签订合同前提供的法律服务包括在本合同内。

八、协议变更

本协议经双方协商一致后,可以书面方式进行修改。经修改后的协议与本协议有同等效力,如前后协议内容发生冲突时以修改后的协议为准。

九、协议的终止

本协议自签订之日起至本协议约定的法律服务范围内事务结束终止,具体为:侦查终结时束之日终止( );审查起诉结束之日终止( );一审判决生效之日终止( );二审判决之日终止( );申诉司法机关受理之日终止( )。

十、协议的解除

1.经书面通知,当事人有权随时以任何理由解除本协议,该解除通知在律师事务所收到之日生效。一旦收到当事人的解除通知,律师事务所和律师立即停止向当事人提供法律服务。

2.如果当事人未按照本协议约定支付律师费和其他费用且延期超过三十日的,律师事务所有权解除本协议,但应书面通知当事人。

3.如果当事人向律师事务所或律师提出有违律师职业道德和和执业纪律的要求,则律师事务所有权随时终止向当事人提供法律服务,但应书面通知当事人。

4.本协议因上述情况解除,仍就律师事务所和律师承诺已经向委托人提供的法律服务支付律师费和其他费用不再退还。

十一、不保证

律师事务所和律师向当事人提供的分析、判断和辩护意见,均不可理解为律师事务所或律师就案件作出了成功或胜诉的保证。

十二、完整的协议

本协议作为律师事务所和当事人之间的最终的、完整的协议,取代之前双方作出的口头或书面的约定。

十三、通知方式

与本协议履行有关的通知应当以书面方式提交对方,书面方式可以邮寄、挂号邮寄、专人送达、传真、电子邮件等方式送达。

十四、特别约定

1.为维护当事人的权益,便于律师开展工作,双方特约定如下内容:

(1)承办律师只对签订本协议的当事人本人负责,有权拒绝接待当事人其他亲属;

(2)当事人不得要求承办律师向司法人员行贿,以取得对犯罪嫌人、被告人有利的处罚；

（3）当事人不得要求承办律师违法取证；

（4）当事人不得要求承办律师泄露案件情况、复制案件诉讼材料；

（5）当事人不得要求承办律师在会见犯罪嫌疑人、被告人时为其传送信件、递送物品、转告口信、要求串供、翻供；

（6）如当事人提出以上（2）—（5）项的要求，承办律师有权拒绝。如当事人坚持要求承办律师做以上（2）—（5）项事务，律师事务所有权根据本协议第十条第（3）、（4）款约定内容执行。

十五、其他法律事务

律师事务所和律师均无义务代理当事人处理本协议约定的法律服务范围以外的其他法律事务。当事人如确有需要律师事务所和律师提供有关其他法律事务的服务的，应当与律师事务所另行签订法律服务委托协议。

十六、争议的解决

1.律师事务所与当事人之间就本协议签订、履行而发生的任何争议，当事人可以直接与律师事务所进行协商，如果协商不成的，当事人可直接向_____市_____区（县）司法局提出申诉意见，由_____市_____（县）司法局进行争议调解。

2.双方同意有关本协议签订、履行而发生的任何争议，在无法通过协商解决和调解方式解决的情况下，任何一方均可向本协议签订地人民法院起诉。

十七、联系信息

有关律师事务所和当事人的联系信息如下：

　律师事务所：_____市_____律师事务所

　地　　　址：____市____区(县)____路____号

　邮 政 编 码：_____

　联 系 人 员：_____

　电　　　话：_____

　传　　　真：_____

　电 子 邮 件：_____

　当事人名称：_____

　地　　　址：_____

　邮 政 编 码：_____

　联 系 电 话：_____

　电 子 邮 件：_____

十八、签署

本协议由律师事务所和当事人双方共同签署。律师事务所必须加盖公章；当事人如非自然人，则应当加盖公章。

　甲方：_____律师事务所(公章)　　　乙方：_____(签章)

　当事人：_____(签章)　　当事人：_____(签章)

　签订地点：_____市____区(县)____路____号

　签订时间：　　年　　月　　日

3.民事代理聘请律师合同

甲方：

乙方：_____律师事务所

甲方因与纠纷一案,委托乙方的律师出庭代理,经双方协议,订立如下各条,共同遵照履行:

一、乙方指派律师为甲方与纠纷一案的代理人。

二、乙方律师必须认真负责地维护甲方的合法权益,并按时出庭。

三、甲方必须真实地向律师叙述案情,提供有关本案证据。乙方接受委托后,发现甲方捏造事实,弄虚作假,有权终止代理,已收费用不予退还。

四、甲方委托乙方的代理权限:见授权委托书。

五、根据《××省律师服务收费标准》的规定,甲方向乙方缴纳基本代理费_____元,标的费按第六条的约定收取。乙方律师办案的交通费、通讯费等费用以及由其他单位收取的应由委托人交纳的费用由甲方承担。

六、本合同为风险代理,即标的费由乙方按甲方之_____%向甲方收取。自本合同签订之日起,甲方无论通过乙方或自己的调解、和解、诉讼、仲裁等任何方式获得,均视为乙方处理的结果。

七、本合同效力自签订日至本案终结止（判决、裁定、决定、和解、调解或撤诉）。

八、在合同有效期内，如乙方终止履行合同，代理费用全部退还甲方；如甲方终止，代理费不退，甲方仍应支付乙方因办案产生的必要的实际支出费用。

九、甲方于本合同签订之日付基本代理费_____元，标的费在甲方后五日内付清，逾期未付的，乙方有权终止代理，并且甲方每逾期付款一日，还应按欠款额的 5‰支付给乙方违约金。

十、本协议一式两份，甲乙双方各执一份。本合同的先履行方为甲方。因履行本合同产生的争议，由双方协商解决；协商不成的，交由乙方所在地法院处理。

甲方：　　　　　　　　　　乙方：

代表人：　　　　　　　　　代表人：

　　年　　月　　日　　　　　　年　　月　　日

4.非诉讼委托代理合同

❋　　　❋　　　❋

（　）×××× 非诉字第　号

委托人（客户）：

受托人（代理人）：　　　　　律师事务所

鉴于：客户愿意根据本合同的规定委托代理人代理第 1 条约定的代理事项；及代理人愿意根据本合同的规定接受客户的委托，双方经友好协商，协议如下：

第 1 条 代理事项

1.1 由客户委托，代理人代理的事项是：＿＿＿＿＿＿＿＿＿＿。

1.2 除非双方另有约定，代理人应成为客户在上述代理事项中唯一的代理人。

第 2 条 委托权限

2.1 代理人接受客户委托处理第 1 条事项的权限为：＿＿＿＿＿＿＿＿。

第 3 条 事务执行

3.1 代理人将指派 ＿＿＿＿＿＿＿＿ 律师具体执行第 1 条约定的代理事项，代理人并将在必要时自行或根据客户要求另行指派其他律师或律师助理协助工作。

3.2 代理人应根据客户的合理指示，依法尽职尽责执行事务，维护客户的利益。

3.3 代理人在客户的授权权限内进行代理行为，其法律效果由客户承受。

第 4 条 费用

4.1 客户应按规定向代理人支付代理费，计人民币 ＿＿＿＿＿＿＿元。

4.2 除非双方另有约定，前款中的费用仅指律师费用，不包括下列应由客户承担的费用。

a）办事费用，将包括代理人在本合同履行过程中所额外支出的差旅费、住宿费、交通费及其他与前述费用在性质上相同或相似的所有费用或支出；

b）第三方费用，将包括在本合同履行过程中由行政机关，其他专业机构或任何第三方收取的行政规费、专业费用及其他与前述费用在性质上相同或相似的所有费用或支出。

4.3 除双方另有约定，代理人根据本条收取的律师费用和其他费用不予退还。

第 5 条　费用支付

5.1 第 4.1 款约定的律师费用，除非双方有第 5.3 款之约定的，客户应在签订本合同之日以金钱方式支付，或在签订本合同之日起的三日内将以上费用汇至代理人指定的银行账号。

5.2 第 4.2 款约定的办事费用将由客户在签订本合同之日先行预付人民币 _____ 元，第三方费用将直接由客户支付。但代理人有权视具体情况决定垫付或由客户直接支付，对于代理人的垫付费用，客户应在代理人发出账单之日起三日内支付。

5.3 双方对费用支付的另行约定。

第 6 条　相互报告

6.1 客户应尽其所能，向代理人提供与委托事项有关的所有证据或相关资料，并尽力确保其真实、准确、完整。

6.2 代理人应不迟延地向客户报告委托事项的最新进展，并提供专业意见供客户参考。

第7条 保密

7.1 任何一方因本合同的履行而知悉或取得的另一方的资料和信息,应视作另一方的商业秘密,除非法律要求事先取得另一方的书面许可,不得将其披露给任何第三方,或用于本合同以外的用途。

7.2 本合同终止时,如任何一方要求,另一方应将因履行本合同而取得的另一方的资料不迟延地返还。

第8条 终止及违约

8.1 任何一方违约,且未在收到另一方的纠正通知之日起10日内予以纠正,则另一方有权终止本合同的全部或部分。

8.2 如客户认为必要,有权在下列条件均满足时终止本合同:

a) 提前30日书面通知;

b) 已支付第4条项下的费用;

c) 在双方按结果收费的情形下,取得代理人的书面同意;

d) 代理人因本合同的终止,或客户的违约行为所遭受的损害已得到令人满意的赔偿或赔偿承诺。

8.3 任何一方的违约行为造成另一方的损害,均应予以赔偿。另一方对本合同终止权的行使,不影响其赔偿请求权。

第9条 弃权

9.1 任何一方("权利方")未能或迟延要求另一方履行本合同项下的义务,不影响权利方要求另一方履行该对等义务的权利,除非权利方以书面方式明确放弃该对等权利。

第 10 条　争议的解决

10.1 本合同履行过程中发生争议,先向当地律师协会执业纠纷调解委员会申请调解,调解不成的,双方约定选择下列第____种方式解决:

a)向____仲裁委员会申请仲裁;

b)向人民法院提起诉讼。

第 11 条　期限

11.1 合同经双方签署后生效,除非双方另有约定,于代理事项处理完毕时终止。

第 12 条　完整性

12.1 本合同构成双方迄今为止唯一的全部的协议,并替代双方此前达成的任何书面的或口头的约定。

第 13 条　独立性

13.1 本合同的各条款应视作相互独立,任何条款的无效不影响其余条款的有效性,除非该种结果将根本性地破坏本合同的目的,或造成完全不合理的结果。

13.2 对于任何无效的条款,双方应不迟延地修改本合同,使之符合双方的原本意图。

第 14 条　修改

14.1 对本合同的任何修改或补充,均应以书面形成为之。

第 15 条　标题

15.1 本合同各条款的标题仅为便于检索而设,不影响各款内容的解释或理解。

第 16 条 其他

16.1 本合同一式二份,双方各执一份,具有同等的法律效力。

委托人(客户): 法定代表人(负责人):

电话: 地址:

受托人(代理人): 律师事务所 代表人:

电话: 地址:

签约时间: 年 月 日

签约方式:

第四章 律师的专业素养

通常来说,一个律师在成为律师之前,起码应受过四到七年的专业的法律教育。在普通当事人眼里,律师是对法律无所不知、无所不晓的。可是当事人却忽略了这样一个事实,第一,法律体系是庞大复杂的,一个人的精力有限,即使律师常被人看作精英,也没有那么多的时间和精力去学整个法律体系。所以事实是,一个律师往往只擅长法律的某个领域,当然,也有一些比较具有天赋又刻苦努力的人会多擅长几个领域,但一个负责任的律师,绝不会说自己擅长法律的所有领域。对于多数普通当事人来说,他们并不明白这个情况。所以在绝大多数情况下,会遇到这样的情况:当事人需要求助律师的时候,总会说,我要请一个律师。但进一步确认是哪方面的律师,当事人就茫然了,不知道自己所要委托的事件应该属于哪个方面,只是觉得律师应该懂。有些律师为了招揽客户接受了这样的当事人的聘请,结果往往不尽如人意。糟糕的结果导致当事人觉得"原来法律不是公正公平的",甚至有一些人认为,律师只是比普通人会钻法律的空子而已。但真的是这样吗?肯定不是。一个律师,尽职为自己的当事人辩护,不是出于钻法律的空子,而是利用自己所学的专业,在调查取证的前提下,将事实转化为法律事实,然后适用相应的法律,为当事人的利益作最大的辩护。

　　律师在法律领域里也是术业有专攻，选择合适的专业律师能起到事半功倍的效果。在此介绍一下一般律师的术业专攻方向。一般简单地划分为民事律师、刑事律师、经济法律师以及更细分的金融类律师。民事律师是指该律师比较擅长民事法律领域，对这块法律业务更为精通。当然也不是说该律师对其他法律专业一无所知，只是他更擅长这方面，能够给当事人带来最大的帮助。

　　民事法律包含的法律文本较多，有我们前面介绍过的《中华人民共和国民法通则》《中华人民共和国物权法》《中华人民共和国婚姻法》等，民事法律与平时生活也相当紧密，当事人往往遇到最多的就是民事法律纠纷。对于这些法律问题，当事人在选择律师时，应该选择业务经验较为丰富的律师。这是因为该类律师的执业经验能够帮助当事人更好地处理问题，因为民事法律规定较为宽松，原则性的东西多，具体的规章较少，有利于双方协商，在协商的基础上取得利益最大化。而刑事律师对律师的辩护能力要求高，因为刑法本身的法条简单，但可解读性，特别是证据的取用方面，需要律师有相当的非法律的专业技能，这些技能能够帮助到律师在处理刑事案件的时候通晓证据背后所代表的法律作用。刑事法律主要包括《中华人民共和国刑法》和《中华人民共和国刑事诉讼法》。还有一类法律同普通当事人之间的关系也较为紧密，那就是行政法。行政法规定的是行政诉讼方面的法律条款，民间通常称为"民告官"。对于国家政府如何运行人大是有相关的具体立法的，当事人遇到相关问题时，只有使用适用的法律才能解决问题。相对来说，专业的行政诉讼律师不是很多，这也是目前虽有法律规定，但当事人往往觉得在此中遇到不公的原因。相对来说，经济法、商法、金融等领域的律师对其专业性要求更高,这些都涉及到非常专业的方方面面。当然,这部分的当事人相对来说其具备的专业素养也更优秀,当事人能够更理性地与律师进行沟通。因本书主要是介绍如何帮助普通当事人聘请律师,所以会用一大部分的篇幅来介绍民法等与普通当事人相关度更高的法律领域,对专业性强的领域相对来说涉及较少。

1.如何选择一名专业对口的律师

每位律师都有其相对专业的法律服务领域。聘请律师,应当先考虑这方面的因素。一名合格的律师,不但全,而且专。当对案件进行分析的时候能够将相关的法律原理、法律规定信手拈来,这对法律事务的处理无疑将是十分有利的。因此,在决定聘请律师之前,最好多到几家律师事务所了解相关律师的情况,和律师进行面对面的交流。交流的过程就是一个了解的过程、熟悉的过程。然后再选择适合办理自己法律事务的律师。实践中,有很多当事人试图通过网上咨询解决自己的法律问题。虽然网络有其便捷性的一面,但法律问题总是复杂的,它不是依据某些书本知识三言两语就能解决的,律师在网上的咨询回复只能是原则性的、指导性的。每一个案件各有各的不同,具体到每一个案件,每一个律师在处理相同的案件时也各有各的理解和策略。当然,通过网络你可以认识某位律师,可以对他有个大概的了解,但最终是否决定聘请他,还需要面对面地考察一番。通过全方位地比较,确定哪位律师的专业素养更适合你所遇到的法律问题，既能更好地帮助你解决好问题，也有利于同律师之间的沟通。正如前文所言，术业有专攻，律师各有所擅长的领域。在熟悉前文中讲过的中国法律体系后，判断自己案件基本上属于哪种情况，根据这些来选择一名适合自己的律师，是对自己最负责任的行为。

2.什么时候应该聘请律师

从根本原则上来说，在法律规定的诉讼时效内，越早聘请律师，对案件的进行越有利；反之，你的合法权益也许会受到不必要的损害。诉讼是一个较为漫长的过程，期间涉及到取证、证据整理等过程。律师通常会告知当事人："以事实为依据，以法律为准绳。"这里的事实指的是法律事实，而法律事实是建立在证据基础上的，并不以所发生的事实为准，而是以证据能够证明的事实为准。越早聘请律师，也能够给律师的调查取证和出庭代理或辩护提供充足的时间上的准备。

在具体的实务中，有相当多的当事人在纠纷发生后，没有及时聘请律师介入，造成延误时机，并且丧失了收集对自己有利的证据的最好时机，让自己在后面的庭审辩论中失去了主要优势，让本可以有把握的诉讼变得非常被动。当然，造成这种结果的原因除了部分当事人对法律不熟悉，盲目地相信自己有理，没有意识到法律需要证据上的法律事实才能帮助当事人在纠纷中有理有据，才能占据有利优势外，更主要的是部分当事人依据不正确的传统想法，把希望寄托在托关系、办人情案上，结果贻误战机，最后不可收拾。从负责任的角度来说，有条件的当事人在决定做一件事之前就应该充分考虑事情的方方面面，最好雇一个律师来协助自己处理法律事务，避免在行事中因为对法律不熟悉造成不必要的纠纷。许多人往往不喜欢雇律师，因为在遇到实际纠纷前，他们认为聘用律师来为自己做法律上的顾问是不吉利的，但提前聘请律师协助自己处理某些事情，往往可以起到事半功倍的效果。因为法律体系本身复杂，必须交给合格的受过训练的人士来处理，避免不愉快事情的发生。事实证明，提前聘请律师是非常明智的。提前聘用一名律师作为自己的专职法律顾问，可以起到防患于未然、事半功倍的效果。

3.如何正确对待已经聘用的律师

对于这个问题，从实务角度来说，当事人应当对已经聘请的律师给予充分的信任。前文已经说过，律师如何才能帮助当事人，除了律师本身的法律素养外，更需要仰仗当事人对有利于自己的证据的提供。一个诉讼，是建立在法律事实基础上的，而律师做的就是在充分了解事实基础后有针对性地使用法律，即以法律为准绳。所以作为当事人，要充分信任自己的律师，要将案件的各种真实情况对律师做出如实陈述，使律师能够对案件性质做出正确的判断，厘清法律关系，形成准确的代理或辩护思路。这样，律师才能依据法律、法规在代理、辩护过程中尽自己最大的努力对当事人的合法权益给予最有力的支持，提供最好的法律服务。在互联网非常发达的今天，网上经常会看到这样的咨询者：在自己的案件中，已经聘请了律师，并且已经在操作过程中，可是对其中的某些法律问题还要到网上来咨询。其实最了解案情的，除了当事人自己，还有就是当事人的委托律师，网上律师回复得再详细，也不一定能把原委说清楚。唯一的解释恐怕只能是当事人和自己委托的律师之间不能给予充分的信任。没有信任，恐怕很难有沟通交流，而没有良好的沟通交流，结果就会很清楚。所以，既然聘请了律师，就需要对自己聘请的律师予以充分的信任。对自己的律师的信任还表现为，不要求你的律师对案件的判决结果做出承诺。有过从业经验的律师都知道，一个案件在审理过程中会有很多因素在影响着进程，律师只能在法律允许的范围内使你的合法权益受到最大限度的保护。但部分当事人毕竟不是律师，对此比较茫然，加之当事人在遇到纠纷时总觉得道理在自己这边，不可能像律师这么理性。所以一名合格的律师在接受案件的同时应当告知当事人这些疑惑，能够消除当事人对法律、对律师的一些不正确的看法，意识到律师的职责是在法律范围内帮当事人辩护。

因此，作为当事人，也不能要求律师提供不在其业务范围之内的服务，比如要求律师托关系找熟人对案件的审理过程、判决结果造成干扰。这些问题的出现也是由于当事人在日常生活中因对法律本身不正确的认识造成的。有些当事人总觉得律师在法庭上总是走走过场，真正决定案件的是法官，所以搞定了法官肯定就能搞定这个案件。当然这种想法是不正确的。在具体的实务中，我们往往看到许多当事人反而弄巧成拙，让自己陷于被动。一个负责任的律师，有义务告知并劝阻当事人这种不理智的行为。在今后聘请律师过程中,如果某位律师对你委托的有关事项的法律风险拍胸脯承诺,对此你必须有一个清醒的认识和正确的判断。

4.怎样认定一名律师是执业律师

这是个非常简单的问题,根据我国相关法律的规定,只有通过国家统一的司法考试并获得国家认可的律师执业证的人才能称为执业律师。司法考试是由国家统一组织的专业的法律考试,参加考试的人员需要满足国家规定的相应的资质,并且在通过考试后在律师事务所实习满一年,合格后申请律师执业证书,获得国家认可的律师执业证的人才能成为执业律师。国家相关法律规定,执业律师要依托某家律师事务所才能展开执业,《律师法》明文规定执业律师不能以个人名义私自受理案件,必须以律师事务所名义受理案件,所以当事人千万不要与非律师机构或自称是律师的"黑律师"建立委托关系,当事人在聘请律师时必须在律师事务所办理相关委托手续,以防上当受骗。在办理委托手续时,当事人要注意审查对方是否具有"律师执业证"。对方是否是执业律师,在网上是可以查到的,在律师所在地的律师协会网站上就可以查到律师的注册登记信息。凡是在网上查不到的所谓"律师",就不是执业律师。同时,在确认对方是执业律师后,还要注意审查你意向中拟委托的律师事务所或律师在你之前是否已经和对方建立了委托关系,如果已经接受对方的委托,便不能再接受你的委托了。如果某律师事务所或某律师在不知情的情况下既接受了对方的委托又接受了你的委托,你有权依法要求解除你和该律师事务所或律师的委托关系,以使您的权利得到最大限度的保护。另外你有权对律师的行为作出监督,如果你认为律师违反了职业道德,你也可以向当地律师协会进行反映。

5.怎样寻找一名优秀的律师

从当事人的角度看,聘请律师是一种商业投资行为。纠纷是一个危机信号,如何处理一场危机事件,或者说是否处理,本身就是一场博弈。多数的危机所要面对的是经济代价,刑事案件例外,但对于当事人以外的人来说,刑事案件本身也包含着经济事件,有一个值得期许的经济结果。而聘请律师本身就需要消耗金钱,只有投入,才可能有产出,如果我们把判决结果看成投资回报的话,许多当事人在聘请律师之前,肯定在心里算过这样一笔账。因此,选择一名优秀的律师来为自己代理解决纠纷事件,相对能提高投资回报率。但如何才能保证眼光精准,找到真正适合自己的律师?

以下几点介绍,能让读者在需要律师帮自己解决纠纷的时候不再那么迷惘。首先,一定要专业。当然这是老生常谈,并且是有点落入俗套的观点,因为至少在律师界,恐怕没有律师会标榜自己是"非专业"律师。但是,标榜自己是"专业律师"的律师,真的是非常专业吗?不要忘记法律体系是一个非常庞杂的体系，没有谁真的能精通各种法律。在现实中，往往会出现这样一种现象：部分律师为了能接手更多的案件，在遇到不同当事人时，总会标榜自己是该方面的专家。比如在遇到婚姻案件的当事人时，就会标榜自己是婚姻法专业律师；而遇到另一个房产纠纷案件时，摇身一变就成了房地产专业律师；更为匪夷所思的是，这样一个民事领域的专家，可能又摇身一变，成了刑事诉讼专家，这样的改变和"博学"只是他们的营销手段，而非专业特长。一个人又不是电脑，怎么能轻易存下那么大的知识量，还能运用自如。如果在聘请律师的过程中，当事人真遇到这种神通广大的律师时，建议远离他们。我们不能否认，确实有律师精通法律中的几个方面，这样的律师一般谦虚有礼，并且收费昂贵，会让多数人退避三舍，但他们的服务价值确实能等同于他们的要求标准。每个律师都有自己的专长，或民事，或刑事，或经济类。当事人在接触一名律师时，可以先了解一下他们的过往教育经历，曾经接手过哪些案件。基于对自己信誉的保护，律师可能会对案件的结果表示上有所修饰，但律师肯定不会篡改自己所代理的案件的性质。一个律师过往接手过哪些案件，一来可以反映出他们的专业所长在哪些领域，二来也可以看出一个律师是否专攻于某些领域，也可以借此推断出该律师是否在专业上精通。一个律师的专业素质，既来自他们的知识所学，更来自他们的经验的积累。

其次，一名律师必然要诚信。很多人都觉得，现在诚信缺乏，人与人之间缺乏信任。即使很多人聘请了律师后，对自己聘请的律师的信任度也是打折扣的。当然从另一个角度来说也是可以理解的，毕竟很多人是因为在之前的法律行为中吃过亏，遇到了让人烦恼的纠纷才聘请律师的。所谓一朝被蛇咬,十年怕井绳。作为律师,诚信是他的义务。作为当事人,都希望能聘请到靠谱的律师,来为自己解决纠纷,可是往往是旧的纠纷还没有解决,又添加新的麻烦,相信所有人都不期待遇到这样糟糕的事情。那么,如何选择一名靠谱的律师,即能让当事人信任的律师呢?相信律师界也不会有哪位律师会给自己贴上不靠谱、不诚信的标签来吸引当事人,恰恰相反,很多律师把标榜诚信作为攻破当事人心理防线的一把利器。如何选择呢?

第一,一名靠谱、也就是标榜自己诚信的律师,他肯定会时刻为你着想。在接收你的案件前,他会耐心地询问你案件的由来,了解整个案件的发生过程,可能会涉及到哪些方面的法律问题,从而判断是否属于自己擅长的领域,如果不是自己的术业所长,他会给你提出建议,推荐合适的律师来为你服务。当他决定接收你的案件时,肯定会有一些中肯的建议,并且拒绝你某些非理性的要求,比如有些当事人会让律师对辩护结果予以保证。那么,一个靠谱的律师肯定会拒绝当事人这种不合常理的要求。在接受你案件后,对于没必要介入的程序,他不会为了收取律师费而介入;不发生的费用,他决不收。一个律师的至高原则,是在法律的信仰下,来维护你的利益,只要是合法的,他将坚决维护,无论你是一个值得同情的受害者,还是一个冷酷的凶手。一名合格的律师,他肯定会恪守这样的信条:无论是出于正义还是出于经济利益,律师都是在为当事人辩护。第二,作为一名靠谱的律师,会遵循行业收费标准给您明确具体的收费,不会在合同外收取费用,如果签好合同,即便做完案子没有钱赚,他也绝对不会吭声。但如果遇到一名不诚信的律师,往往会先以低收费吸引你,从你手里接手这个案件,但在其后的办案过程中,这样的律师会找出各种理由来让你多缴费。对于当事人来说,本来之前的纠纷已经让人很头疼了,如果遇到这种不靠谱的律师,无异于雪上加霜。因此,当事人在雇佣律师的时候,一定不能只贪图眼前的小利,一定要律师把收费说清楚,有逻辑性地接受律师的合理收费,并与之签订合同,这既是经济上的考虑,更是后续服务上的考虑。而在后续的服务中,我们要注意,一个严格守信的律师,在办案过程中对时间的把握也是非常严谨的。他会准时参加与你约好的会面时间,会按时完成文书等工作。总之,可能从经济上来说,聘请一名靠谱的律师会花费当事人较多的可见成本,但当事人应当清醒地认识到,我们雇佣律师首先为的是替自己解决纠纷,而不是雇佣一个不靠谱的律师,将自己带到另一场纠纷中去。

6.一定要聘请著名律师吗

正如去医院看病,大家都希望能就诊一位赫赫有名的专家名医。先且不论这位医生的医术如何,病人本身是否一定需要这样的名医来为自己诊断,单就这名医的名气,就能让病者本身有许多的宽慰,仿佛病一下子就可以好一大半。怀着同样的心理,很多当事人在聘请律师的时候,都满心希望自己能聘请一位著名律师来为自己解决纠纷。先且不论这位著名律师是不是著名律师,他所擅长的领域是否能解决自己遇到的麻烦。但单凭著名律师这四个字，就让很多当事人似乎吃了一枚定心丸，如果辩护的结果并不尽如人意，当事人也会将原因归为法官判案不公，自己的礼数没到位等原因，而不去考虑所托是否为非人。

聘请专业律师来为自己代理解决法律问题，一定要找专业相通的，至于说是否是著名律师本身并不重要，这主要有以下几点原因。首先，自我标榜著名律师是否真的就是著名律师。现在有很多律师标榜自己是"著名律师"、"知名律师"、"资深律师"，其实这些人大多只是刚刚出道的年轻律师。"著名律师"等称号只不过是其自我营销、自吹自擂的产物。现在社会上有些律师的营销手段实在是太高明了，将自己说得神乎其神，仿佛就是救世主，只要一出马必能力挽狂澜。但真正接触下来，其法律水平真令人不敢恭维，拼命吹嘘造假不说，甚至有些还把专业术语弄错。当然，相对许多对法律不熟悉的当事人来说，真假难辨。对于那些业绩斐然、无所不晓的著名律师，当事人首先应该三思而后行，用常识来判断。那些实至名归的"著名律师"大多有这样一些特点：擅长的法律业务往往不超过三个领域；为了声誉，一般只受理自认为能胜诉的案件；也一般只接擅长领域内的大案要案，对客户案件进行详细分析，并能给出不同的看法和风险意见。

作为当事人，在咨询比较不同律师的同时，应该建立一个对自己所面对的纠纷的初步评价方式，要清楚自己面对的法律纠纷是否需要一个著名律师，还是一名相对专业比较扎实，但不是很有名气的律师。不可否认，名至实归的著名律师肯定有过人之处，诸如经验丰富，专业扎实，但别忘了，著名律师收费也相对高一些。聘请律师无异于是一场商业投资。如果当事人所要面对的法律纠纷是标的额度比较大的经济案件，或者复杂的刑事案件，当事人应当聘请著名律师，毕竟这些律师的各方面能力和业务经验肯定会胜于一般的执业律师。当然，在聘请著名律师之前，一定要多接触不同的律所和律师，一名在业界真正让人佩服的律师，他的同行肯定也不会吝啬赞誉之词，业外人士口中的著名律师和业内人士口中的著名律师肯定是有差距。如果当事人面对的是诸如普通离婚案件，需要分割的财产数量既不多，也没有涉及到股权等那样复杂的问题时，可以聘请一个专业能力不错，态度俱佳的普通执业律师来处理这件事。从整体上来说，是否聘请著名律师，还是看自己所面对的法律纠纷的性质，如果仅仅是较为普通的纠纷，即使是普通的执业律师，从他的专业素质来说还是能胜任的。

7.经验对律师执业重要吗

律师是个专业性和实操性很强的职业，有人这样形容律师，说律师是一坛酒，越陈越香。从某些角度来讲，这样的比喻是有其道理的。一名优秀的律师不是短时间就能炼成的，即使有些天才型的律师，可能相对其他律师来说，他的执业时间会短些，但别忘了，他具备的辩护能力、逻辑思维能力等这些素养都可以在其成为律师之前的学业生涯中完成积累，之后是自然而然的举一反三的能力。故此在现实生活中，有很多律师特别强调自己执业十多年或二十多年,以此表明自己经验丰富,能力非凡。一名优秀的律师,确实需要执业实操的历练,这种历练也是需要时间的积淀,但并非是"我过的桥比你走的路还多"就代表这名律师非常有能力。一名律师的经验,往往来自他过去所学的知识及阅历,阅历并非越长越好,而是能从阅历中汲取得越多,才代表经验越丰富。经验不是简单的时间的累计,更是对事情本身的细心、领悟能力。法学素养、专业悟性、实践经验和执业操守是一名优秀律师的基本条件。做律师,没有扎实的法学理论基础,没有法律操作方面的悟性,即使执业时间再长,也只是低水平的运作,真可谓工多未必艺熟。从我们国家的律师发展来看,在上世纪90年代末期以前的律师执业考试很简单,而且有很多不经考试就可以拿律师证的例外规定,导致出现了一些没有水平,甚至不懂法的"中国律师"。事实上,可能有部分律师强调自己经验丰富,正是因自己专业基础不扎实而心虚的表现。国家给了很多人律师执业资格证,却没有给这些律师以办案能力,甚至少部分的律师,越是执业时间长,可能越没有水平。

一名律师,不能仅仅以他的执业时间的长短来判断他的经验能力。行业内人士一致认为,一名执业律师的专业功底相当重要,一名专业功底扎实的律师即使处理新类型的业务,也同样胜人一筹;相反,专业基础差的律师,在处理法律纠纷时,往往表现出对案件考虑欠周全。我们可以想象这样一个情景,如果你现在聘请的不是律师,而是请一名医生来为你诊断疾病,如果你面对的是这样一名医生,他一边翻看着医学书籍一边打着电话咨询其他医生然后一边判断你的病情。试问,你会放心这样的医生为你诊断吗?答案显然是显而易见的。一名执业律师的经验判断标准不应当是他的执业时间的长短,而是应该看他的专业素养。

8.外在形象与律师水平之间的关系

律师通常给人的印象是光鲜亮丽的。在一般人眼里,律师应该是这样的:头发油光发亮、穿西装、打领带、用最新款的高档手机、开高档轿车。那么,是不是这样的律师就是高水平律师呢?诚然,基于律师劳动成果的无形性,判断一个律师是否真有水平成本很高,所以律师的外在形象往往成为当事人的判断标准。在现实中,有些律师不但穿得光鲜亮丽,还比较有钱和有名气。但是否这样的律师就是你期待、值得你托付的好律师呢?诚然,这中间有一些联系,但决不能完全划等号。名是靠实力闯出来的还是靠媒体炒出来的? 这都有疑问。

应该通过多种渠道,问一问对这个律师或多或少有所了解的人,不要强求该律师有百分之百的口碑,因为在目前中国对律师的误解还比较严重,但好的律师仍会获得大多数人的认可。还可以围绕案情,设置一些问题,问一问这个律师:案子在法律上如何评判? 应采取怎样的对策? 能否预测一下这个案子的走势或处理结果? 事实上,很多真正有水平的律师往往举重若轻,不刻意去包装自己,因为其在律师界的地位决定了不需要靠这些外在的东西去包装自己,他的名字就是信誉的保证。

外在的只是流于虚表的,当事人聘请律师不是为了给自己装点门面,而是为自己解决法律纠纷。所以通过外在的一些因素来判断一名律师,倒不如和他多交谈。

9.找一名适合自己的律师

对当事人来说,什么才是好律师呢？其实,一名真正适合自己的律师才是好律师,恰如一双适合自己脚的鞋子。重量级的好律师都是以经典辩例打造品牌的, 以律师打过的案例为依据是快速找到好律师的金钥匙。应该看该律师的业务专长,自己的案件是不是与他专业对口。一个律师是否擅长于某方面的法律事务,要慎重地从人生经历、学历、所学专业、发表的论著、经办的案例(不要单纯看结果和案件影响力,关键看办案过程及案件数)等因素来判断。看自己案子的难易程度、标的大小、属于哪一个法律范畴。

一般来说,小案子不宜请“大律师”,大、要、疑案不宜请“小律师”,刑案没有必要找房地产、知识产权见长的律师办,哪怕他的名气再大。应该通过“察言观色”,试探律师的实力;应该亲临律师楼,看看该律师的办公环境、法律藏书等客观条件;应该通过律师的言谈举止,考察他的口头表达能力、逻辑思维能力、应变能力和沟通能力;还可以请律师抽出他已结案的《判决书》,从律师所经办的代表案例考察律师的办案经验和效果。可以把视野放宽一点，找来一大堆律师的个人资料，筛选出其中几位"候选人"，比较他们的法学修养、执业经验、业务专长、办案风格、社会影响和社会阅历，还可以通过电话和书信形式与他们初步沟通。真金不怕火炼，有实力的律师是经得起"比"的。还应该看收费标准：看律师收费，不能单纯只看律师费数额，就得出"贵"与"不贵"的结论。应当把案子的难易、复杂程度和律师可能投入到此案的办公开支、所付出的智力劳动量大小、质量高低进行对比，从而摸准该律师的"行情"；也可以根据律师的报价，货比三家，当然，律师之间素质参差不齐，工作作风、思路、成本开支迥然不同，收费"档次"也差别很大。

作为一名当事人，在遇到麻烦的时候，既期许遇到好律师，又期许一切顺顺利利。当然，如何聘请到一名好律师也不是三言两语就能说得清楚的，前文相对来说比较理论化，不够直接具象化。

第二篇

如何聘请律师

1.房屋拆迁纠纷如何聘请律师

案例：

在某县的旧城改造中，某街100名拆迁户因与开发商就房屋拆迁补偿问题一直商议未果。但旧城改造势在必行，开发商在拆迁过程中，多次强势要求居民尽早签订拆迁合同，不然后果自负。多数拆迁户在条件难以得到满足的情况下，希望能够通过司法途径解决这一问题。

专家支招：

房屋纠纷属于民事纠纷，当事人在聘请相关律师时，应当聘请对民事纠纷方面比较有经验的律师来处理此事。在聘请相关律师前，当事人应当对律师将要涉及到的法律事项有所了解，一是便于跟自己的辩护律师更好地交流沟通；二是能够在聘请律师前避免不必要的可能对自己不利事件的发生。专家建议，在遇到拆迁的时候，不要轻易签订拆迁协议，一旦签订可能就会有不可挽回的损失。现在很多拆迁方都是用一纸空文就让被拆迁人签字，很多人甚至都没有收到任何拆迁补偿协议的正式文件，被拆迁人吃了大亏。拆迁补偿安置协议订立后，被拆迁人或者房屋承租人在搬迁期限内拒绝搬迁的，拆迁人可以依法向仲裁委员会申请仲裁，也可以依法向人民法院起诉。

《最高人民法院关于受理房屋拆迁、补偿、安置等案件问题的批复》

规定:"拆迁人与被拆迁人达成协议后,一方或者双方当事人反悔的,未经行政机关裁决,仅就房屋补偿、安置等问题,依法向人民法院提起诉讼的,人民法院应当作为民事案件受理。"拆迁补偿安置协议是约定拆迁当事人之间民事权利与义务关系的合同,依法成立的拆迁补偿安置协议,对当事人具有约束力。当事人一方不履行协议或者履行协议不符合约定的,按照《民法通则》和《合同法》的规定,一方当事人可以向法院提起民事诉讼,要求对方当事人承担相应的民事责任。当事人向人民法院提起民事诉讼有以下两种情形。其一,拆迁补偿安置协议订立后,被拆迁人或者房屋承租人在搬迁期限内拒绝搬迁的,搬迁期限届满后拆迁人可以依法向人民法院起诉。其二,拆迁人与被拆迁人达成协议后,且拆迁当事人之间没有达成仲裁协议的,一方或者双方当事人反悔的,另一方当事人可以向法院提起民事诉讼。关于向人民法院提起行政诉讼的问题一旦拆迁人与被拆迁人或者拆迁人、被拆迁人与房屋承租人达不成拆迁补偿安置协议,都应当经当事人申请,先由同级拆迁管理部门裁决。只有经行政裁决后,当事人仍不满意的,方可提起行政诉讼。行政裁决是行政诉讼的前置程序。实施裁决的房屋拆迁管理部门是县级以上地方人民政府房屋拆迁管理部门,房屋拆迁管理部门是被拆迁人的,由同级人民政府裁决。裁决应当自收到申请之日起30日内作出。裁决的内容是条例第13条规定的拆迁补偿安置协议的内容。任何一方当事人或者与行政裁决有法律上利害关系的公民、法人或其他组织对裁决不服的,都可以自裁决书送达之日起3个月内向人民法院起诉。

人民法院根据《行政诉讼法》及相关司法解释的规定,对行政裁决的事实认定、行政程序、法律适用、有无超越职权和滥用职权等进行全面合法性审查。以上就是拆迁人与被拆迁人在签订协议以后的纠纷诉讼流程。拆迁人不要用非常手段来蒙骗被拆迁人。被拆迁人在看不懂拆迁协议的时候不要轻易签字，不管是什么人在旁边说什么，最终还是要按照法律合同办事，所以签字要谨慎，否则最后吃亏的可能是自己。在聘请相关律师前，应当就以上疑惑或不明白的地方向所咨询的律师询问清楚，以确定相关律师具有该方面的法律实务能力。正如笔者前文所言，不同的律师其擅长的相关领域不同，因此在聘请律师时，一定要根据自己所面临的法律纠纷聘请对该领域最熟悉的律师来处理纠纷。

2.医疗纠纷如何聘请律师

案例：

　　黄某参加同学聚会，因与同学是久别重逢，所以特别开心，聚会上多饮了几杯。聚会结束后，黄某回到家中，半夜的时候肚子剧痛难忍，家人急将其送到医院，医生在听说了黄某家属的描述后，初步判断黄某为急性胃炎，并据此进行治疗。然而几个小时后，黄某的病情并未好转。其后医生对其进行进一步诊断，发现其是急性阑尾炎，并展开手术。然而为时已晚，黄某因疼痛难忍导致神经性休克死亡。黄某家属要求院方就此赔偿，但医院表示此事与医院无关，医院在医疗中并未有重大过失。黄某家属决定走上法律诉讼途径来为黄某声讨公道。

专家支招：

　　近年来，随着人们维权意识和法制意识的不断提高与增强，患者一方在与医院发生医疗纠纷后，在维权方式上也越来越趋向于理性，由过去常见的忍气吞声和激进地闹、搅、乱转变为更愿意通过诉讼方式解决。但是，由此带来的一个不可回避的问题是，医院和医护人员是专业的医疗机构与人员，他们对医疗问题的认识无论从理论还是实践上来说，都具有绝对的专业优势和地位优势。如果患方就诊的医院在地方或全国本身就是一家颇具影响的权威医疗机构，主治医师本身就是某领域方面的专家，这种优势地位就更为明显。完全可以想象，当患方与医院对簿公堂论辩医疗问题时的不平衡，其维权难度可想而知。作为患方，怎么样才能在维权时减少这种差异，赢得最好的结果呢？及时聘请懂医疗的专业律师而非一般律师介入案件是非常必要的。医疗事故涉及到的更多的是专业知识，普通律师虽然对法律熟悉，但对医疗事故中的事实鉴定缺乏必要的专业素养，为了让读者更好地了解这点，我们有必要先弄清楚医疗纠纷的一些特点。

　　首先，医疗纠纷的诉讼结果不单单是法律条文的适用，不只是法律方面的判断，案件的处理结果在很大程度上取决于医疗问题的判断。因此，聘请医疗专业律师介入案件，医、法兼顾，将会更有利于案件的处理。其次，在医疗诉讼时，医院一方拥有医疗事故的抗辩权，在诉讼中多会申请医疗事故鉴定。但从司法实践看，由于医疗事故鉴定是由医学会组织的各医院的专家来鉴定的，所以鉴定结果不构成医疗事故的情形随处可见。做还是不做医疗事故鉴定？患方有申请司法鉴定的权利，在医院申请事故鉴定时法院会如何处理？医患双方两种不同性质的鉴定权利并存局面在个案中会演绎为医患双方的第一回合的巅峰对垒。那么，在法院或承办人很少办理医疗案件，缺乏审理医疗纠纷经验时，如何取得法院的支持和把握整个诉讼的方向？医疗专业律师更能驾轻就熟，帮助患者不至于顾此失彼偏离诉讼主轨道。再次，如前所述，医院最终能否承担责任更多取决于医学方面的判断。那么如何帮助法院和鉴定机构做出有利于患方的判断？需要从医学的角度来分析医院的病历，这种分析是理性的，与诸如医护人员的态度等表面问题无关，它需要根据患者的临床表现及病情发展来判断，它与医院实施的具体诊疗行为有关。从这个层面看，聘请专业的医疗律师是从根本上取得胜诉的不二条件。广告词"因为专业，所以专业"说的也就是这个意思。

此外，一件医疗纠纷案件的办理过程，经历的时间相对较长，涉及到的问题也较多，仅仅鉴定一项就可能有二到三次。在赔偿项目及标准上，医疗纠纷也因构成医疗事故和不构成医疗事故而有所区别。因此，如何适用法律及全方位争取患方的胜诉结果，也与聘请的律师能力有关。医疗纠纷侵犯的是患者的健康权和生命权。这种侵犯带给患者或家属的除了身体伤害和经济损失外，更严重和可怕的是它会给患者及家属带来巨大的精神伤害和打击。所以，聘请医疗专业律师介入案件，可以帮助患方少走很多弯路，还能为患方节省更多的时间成本和费用成本。在这点上，一般代理人是很难想到这点的。

那么，我们在聘请专业律师时，应当注意哪些事项呢？一是律师的"诚信"。从患者及其家属对律师的选择上看，不管你选择的律师是否有相关的医疗知识背景,他都必须是一个诚信的律师,也就是说这个律师应当是和你讲实话的律师,这个"实话"应当包括:律师能够为你做到的诉讼结果和律师不能够做到的诉讼结果。在我国的律师服务活动中,个别律师为了能够代理案件,在收案子的时候,向患者及其家属"虚假承诺"了很多结果,包括:胜诉和赔偿数额,等等。应当说这样的律师是很不负责任的。从代理的医疗纠纷案件看,想要被法官支持诉讼请求,对证据和诉讼思路都有很高的要求,医疗鉴定的结果存在很大的变数,如果医疗机构存在医疗过错,赔偿数额往往比较少。应当说医疗纠纷案件是很难打的。在诉讼前就做不切实际的"承诺"是很不负责任的行为。所以,患者及其家属在与律师交流的时候,口若悬河、夸夸其谈的往往带有很多不切实际的东西,虽然他的"承诺"迎合了患者及其家属急切的心理,但是,如果诉讼结果达不到承诺的结果,诉讼不利的结果仍然由患者及其家属来承担。这样看来在诉讼前不切实际的承诺只是一个幌子,对患者及其家属没有任何法律上的保障。从社会经验看,"苦口良药利于病,忠言逆耳利于行",夸夸其谈的骗子,才是能够把"好人走瘸了,卖给他拐"的人。诉讼是有风险的,关于胜诉的标准,患者及其家属往往考虑,不但法官支持所有的诉讼请求,而且赔偿数额也要达到自己的要求。这样"全胜"的案件几乎是不可能的。

关于胜诉的标准。按照律师行业的业务规范,诉讼的"胜诉"是包括一个范围的,这其中包括:1.案件性质的认定。也就是说,不管赔偿数额是多少,通过诉讼过程可以认定医疗机构在医疗、抢救的过程中是否存在医疗过错行为,也就是在法律上讲的"定性"的问题。由于在医疗纠纷诉讼中，能否认定存在医疗过错是在法律性质上认定医疗机构的过错行为，它的认定也就是下一步要求赔偿的法律依据，也是在法律上确认过错行为的必要条件。因此，律师尤其重视"法律定性"的界定。这样一个结果往往对"要讨个说法"的患者及其家属是适合的，对于这一部分当事人而言，赔偿数额并不是重要的，在法律上确定医疗机构的责任是患者及其家属所期望的结果。2.赔偿数额的多少：由于患者及其家属对于后期治疗费和前期经济投入的考虑，往往患者及其家属要求不但要赔偿相关的费用，还要把诉讼费、律师代理费、交通费等都要计算到里面。在确定赔偿数额的时候，要求很多。这样要求的患者及其家属通过诉讼所要解决的问题，并不是医疗机构的过错行为，而是经济问题，诉讼的目的就是为了取得更多的赔偿。但是，律师是不可能按照患者及其家属的"想法"去确定最终的赔偿数额的。由于医疗纠纷法律案件的特殊性，我们在受理医疗纠纷案件的时候是很难给当事人"预测"一个赔偿数额的，所以，在当事人得知法院的判决后，不要因为赔偿数额少而抱怨自己的律师，因为，医疗纠纷案件赔偿数额普遍较低是现实存在的法律事实，并不是代理律师造成的。如果你的律师在诉讼前，曾经向你"承诺"了赔偿数额，他要么是在"虚假承诺"，要么是对于医疗纠纷案件不太了解。我们作为医疗纠纷的专业律师几乎是在避免谈论这样的问题。对于患者及其家属的提问我们是不会给出明确的赔偿数额的，这不是对患者及其家属的不负责任，恰恰相反是为了最大限度地维护当事人的权益。不负责任的"估计"与"承诺"是对当事人的不负责任。医疗纠纷案件，经过的法律程序与环节是比较多的，在如何一个程序中都可能出现意想不到的情况，每一个处理结果都会对诉讼结果产生影响，(比如：鉴定结论、证据的认定、质证程序的情况,等等)这些处理的意见，又不是代理律师可以预见和控制的。这显著不同于"经济纠纷案件"的情况，在接到案件后,在分析后就可以得出一个初步的法律意见,而医疗纠纷案件是远远达不到的。应当说,赔偿数额是患者及其家属比较关心的问题,在日常案件咨询中也是经常被问及的问题,在赔偿数额的计算及法律实践的情况。

关于庭审程序。在医疗纠纷诉讼实践中,患者及其家属常常把诉讼的过程看作是,代理律师"唇枪舌剑""你来我往"不可开交的辩论过程。其实,不管影视作品中表演是何等精彩,故事情节是何等"跌宕起伏",那就是影视作品，它与实际的医疗诉讼相差千里。不是代理律师不努力,而是患者及其家属并不知道真实的庭审过程，在见到真实的诉讼后,对自己"想象破灭"的遗憾。我国法官在诉讼程序中处于主导地位,而且注重诉讼程序的进行,整个诉讼程序要听从法官的指挥,法官是有权力制止"被认为与本案无关"的发言的。整个诉讼的进行是严格按照诉讼程序的法律规定进行的。在这里提醒患者及其家属,毕竟律师参与到诉讼中来是为患者及其家属说话的,但是,绝对不会完全代替患者的诉讼地位,患者及其家属希望找一位律师就不用再操心的想法是不现实的,也是不可能的。由于患者及其家属是整个医疗过程的亲历者,相关的医疗、抢救事实没有比患者及其家属更清楚的。因此,在法庭上,患者及其家属仍然是诉讼的主体,代理律师是不能够代替患者及其家属的。在法庭上双方应当协调一致、相互配合,以统一的思路、统一的事实认定来应对诉讼中的问题和情况,否则,双方配合不好,"南辕北辙",法官就不知所云了。

　　关于期望值、心态问题。在医疗纠纷法律咨询中,最经常被问的一个问题是:"我们的胜算比率有多大?"对于这样的问题,律师一般是拒绝回答的,医疗诉讼的环节很多,它最显著区别于其他的民事纠纷之处在于,法律关系简单,事实清楚。在受理案件的同时心里大体就可以有个"估计"了。但是,面对患者及其家属的追问,我们希望更多是要保持一个良好的心态,对于医疗诉讼代理律师及当事人积极的努力争取一个好的诉讼结果,但是,如果诉讼结果不理想,也不要"钻牛角尖",毕竟法律认定事实。审判程序与人们的思维方式是有很大差异的,事实上存在,但是没有证据,没有被法庭认同是很正常的。患者及其家属在接到判决书的时候,不要感到"整个社会都是黑暗"的,"没法活下去了",等等,毕竟,一次医疗诉讼仅仅是生活道路上的一次经历,患者及其家属生活的意义不是仅仅为了这一次诉讼。即使完全败诉了,生活还要继续下去,诉讼不是我们生活的全部。所以,在这里我再次强调,医疗诉讼周期长、环节多、成本高、赔偿数额低、风险高,患者及其家属在诉讼前应当充分考虑到诉讼的风险,在诉讼前要明确诉讼的目的是什么,不可意气用事。在律师的选择上除了专业技术的条件外,律师应当是说实话的人。说实话就意味着他把风险和困难说得清清楚楚,实话就意味着患者及其家属不喜欢听到的情况听到了。真正的医疗律师是不应当一味迎合患者及其家属的要求。患者及其家属也应当十分清楚,判决的最终结果也不是律师说了算的。"满口答应"的后果必然是"虚假承诺",甚至

"欺诈"。医疗事故纠纷是法律纠纷案件中相当复杂的法律纠纷,当事人在聘请律师时,既要注重律师本身的法律专业和职业素养,同时也要注重律师在医学方面的专业素养。

3.劳动纠纷如何聘请律师

案例:

李某于2008年进入某公司,并与公司签订了一份三年期合同,合同期满后,李某又同公司签订了一份无期限劳动合同。李某的工种属于技术工种,其在公司期间,会不间断地接受公司的各项培训。李某本身也十分好学,因此在工作期间,不断受到公司的重用,现已是公司某个部门的负责人。但今年三月,因家庭变动,李某向公司提出离职申请,要求与公司解除劳动关系。但公司人力部门以李某接受过公司的培训为由,要求李某不能擅自离职,并声称如果李某离职,将予以法律程序。李某目前很困惑,希望能够通过聘请律师来解决这一纠纷。

专家支招:

近年来,劳动争议案件频发,一是企业人才流动性大,企业花了巨大心血培养的人才不愿意看到流失。二是人才市场化,对人才来说,也不愿意将终身托付于一家企业。但劳动争议案件本身繁琐、复杂,尽管劳方胜诉比例居高不下,但是,劳动争议案件的结果仍具有极强的不可预测性。从案件的统计数据来看，无论是劳方还是资方，皆有胜有败，甚至先胜后败、反败为胜的案例也比比皆是。面对劳动争议案件困惑的当事人，在聘请律师时，应慎重考虑，理性解决。

专家建议从以下几个角度来看待并解决纠纷。第一是有没有必要必须聘请律师。当事人与律师之间委托关系是一种商业行为。从当事人的角度看，既是投资，就要花最少的钱，办最多的事。聘请律师要考虑必要性。有些案件，是非曲直泾渭分明，于理于法都很清楚。比如有书证的借款纠纷等。该类案件处理结果具有可预见性和不可逆转性，聘请律师就显得多余。有的当事人担心对方请律师对自己不利，这种担心是多余的。对方律师发表的观点再多，只要是错误的，法官也不会采纳。当事人也要注意，不能学几天法律、看几个条文就自以为是。我国法律有四百多部，法规、规章四万多部，不要说当事人，就是律师也不能全部掌握。没有良好的法理基本功，是不能够将法律融会贯通的。有些案件，看上去很简单。这些案件往往蕴含着外行人难以把握的司法程序和诉讼技巧，比如诉讼主体如何列、诉讼请求如何提、证据如何收集，如何取舍，不是看几本法律书就可以无师自通的，如果自己"临阵磨枪"、"赶鸭子上阵"，有可能捡了芝麻丢了西瓜，甚至把应当赢的官司弄输了。相当多的案件，证据材料漏洞百出、疑点重重、问号多多、定性上介于两可之间，属于有"松动"可能、有回旋余地的"疑案"，案件的处理结果具有不可预测性，值得一辩。这种情况下，请律师就显得大有必要了。这时就应多跑几家律师事务所，多咨询几个律师，一般律师是不收咨询费的。若各个律师解释完全一致，就可以省下律师费了。如果解答大相径庭，那就需要考虑一下。人们往往都是这样认为，律师是专门打官司的，其实不然。临危救驾非本色,防患未然是英雄。随着法律日益渗透到我们的生活中,"打官司"变成了律师的"传统节目"。既然"打官司"费时费力,不如把它消灭在萌芽状态。请一个法律顾问当自己的"保护神"、"诸葛亮",为自己设计创业蓝图、指点商海迷津、避免投资风险、化解诉讼危机,以最小的代价换取最大的经济效益,岂不更好。

　　第二是如何选择律师。在决定要聘请律师来为自己解决法律纠纷后,就面临着一个如何选择律师的问题。时下,律师数量十分可观,令人眼花缭乱,不免无所适从。选择律师时要注意:一要看。要量体裁衣,根据案件的难易程度、标的大小、法律类别来选择律师。就像有病找医生一样。感冒发烧不用找专家看,内科疾病不宜找外科看,疑难杂症不要到诊所看。一般来说,小案子不宜请"大律师",否则就是"杀鸡用牛刀"。大、要、疑案不宜请"小律师",否则难以成事。刑事案不必要找民法专业律师,哪怕他是专家。法律科学博大精深,一个人不可能十八般武艺样样精通,"万金油"式终不能成为好律师。一般规范化的律师事务所会内设专业律师部,供您选择。二要问。律师虽都是经过严格考试挑选的,也难免良莠不齐。对于律师来说,业务精通固然重要,人品道德也不可缺。应该通过各种关系,打听一下这个律师的为人。再者,要多同律师交谈,设计一些法律问题,听听律师对事实、证据和法律的分析,预测一下案件的走向。考察律师思路是否清晰,掌握法律是否熟练,反应是否敏捷,预测是否全面。好的律师应该把对您有利和不利的因素都说出来,不能只拣好听的讲。你也不能只爱听顺耳的,不听逆耳的。对包打官司的律师一定要小心,千万别上当。要知道,这个世界只有"包青天",没有"包律师"。

第三是要多加比较。俗话说:货比三家看质量,质量一样看价钱。一是比较质量。通过多咨询几个律师,会充分比较哪个水平较高,专业又对口,选择一个比较适合自己的律师。二是比较收费。看律师收费,不能单纯只看律师费数额,就得出"贵"与"不贵"的结论。应当把案子的难易、复杂程度和律师可能投入到此案的办公开支、所付出的智力劳动量大小、质量高低进行对比,可以把律师对"彼案"的收费和"此案"进行对比,从而摸准该律师的"行情"。有的人请律师,迷信"大牌",唯"名"是举,眼睛只盯着"大律师"。"大律师"固然有水平,也并非有手眼通天、逢凶化吉、起死回生之能事。要问一下该律师曾经承办的案件当事人,听听他们的体会才是比较客观的。其实,打官司对律师来说是家常便饭,但对当事人来说,可能一辈子只会摊上一次,人不可能生活在"官司"堆里,除非是一个是非不断的人。正是在这个意义上说,请律师不允许"回头"和"失败",不允许有第二次选择。因此,请律师应慎之又慎,权衡比较,否则,有可能一着不慎、悔之晚矣。

完全可以把视野放宽一点,首先,是比较律师,可以找来一大堆律师的个人资料,筛选出其中几位"候选人",比较他们的法学修养、执业经验、业务专长、办案风格、社会影响和社会阅历,还可以通过电话和书信形式与他们初步沟通。有实力的律师真金不怕火炼,是经得起"比"的。其次,是比较律师收费,能省则省。再次,可以根据律师的"报价",进行"货比三家"。相信在一看、二问、三比较之后,对如何选择律师,应该就会没有什么不放心的。第三点是如何衡量律师工作的优劣。这个问题在有的人看来似乎十分简单:官司打赢了,结果满意了,这个律师就有水平,否则,这个律师就是窝囊废。这种"成败论英雄"、"结果论优劣"的评判标准对某些职业来说,确实可以用得上。如:用比分来衡量体育运动员的实力,用鲜花、掌声来昭示优秀演员的演出成功,用喝倒彩来给蹩脚演员下评语,用累累科研成果来展示科学家的业绩,用倒胃口的饭菜来笑话厨师的无能。但是,这种评判标准,用到律师身上就不合适了。

司法现状是:官司的输赢、结果的好坏取决于多方面的因素,如官司本身的是非曲直、司法人员的素质、司法机关内部微妙的人际关系,还有来源于社会方方面面有形的、无形的影响,也就是说,法律之外的因素占有一定的比例。在所有的吃"法律饭"的职业中,律师是唯一不握有司法权力的来自民间的社会法律工作者。律师的优势在于他精于法律,律师所依靠的就是法律的权威,即依赖自己对法律的透彻理解和对法治锲而不舍的追求去影响司法人员的思维。也就是说,如何判、怎么办,还是司法官说了算,由不得律师。难怪很多律师都有这种感受:在法院正式判决以前,心里都是七上八下的。有的案子,案情简单,不需要费什么神,就能得出胜诉的结论,就像医生看一些小病,不用经过仪器检测就知道开什么药,打什么针,律师开庭前无准备,庭审时只是"例行公事",轻描淡写地说上几句话,结果案子胜诉了,能说这个律师优秀吗?有的案件哪怕再有理,律师说得再多、再透,到头来法官和律师还是"两股道上跑的车",案子出乎意料地败诉了,是这个律师没水平吗?焉能仅用案件的处理结果来衡量律师工作的优劣?

有一位律师界前辈在"隐退"时撰写的自传中坦陈他所承办的案件胜诉率极低,大部分以败诉而告终,然而,这并不影响他成为著名律师,因为,他的卓越之处在于:有一颗对当事人高度负责,对法治孜孜以求的赤诚之心,他的执业水平和执业道德都是有口皆碑、无可挑剔的,即使官司打输了,通情达理的当事人对他也是无怨无悔。有的当事人要律师拍着胸脯许下"包搞定"、"包放人"、"包轻判"的诺言。有的律师为讨当事人"欢心"或为给他们吃上一颗"定心丸",往往在案情还不明朗的情况下就轻易地下结论、作判断。殊不知,这些"包律师"有可能事与愿违,令当事人希望越多,失望也越大。当然,这绝不是说,衡量律师工作的优劣可以只看过程不看结果。胜诉是给予律师的最高酬金和最美桂冠,不仅是当事人最希望看到的结果,律师亦孜孜以求。律师和当事人的目标是一致的,即竭尽所能,争取胜诉。可以说,律师在看到胜诉结果时和当事人的心情是一样的,绝大多数知名律师都在用自己的心血砌好辩护大厦的每一块砖石,在自己的人生履历上留下无数胜诉辩例的辉煌与梦想。

4.婚姻案件如何聘请律师

案例:

蔡某与廖某 2008 年相识于互联网,两人相聊甚欢,后发现二人都在同一城市工作,日久生情,双方于 2009 年年底正式登记结婚,并于 2010 年有了爱情的结晶。但自 2011 年后,因蔡某工作调动,去另外一个城市,双方感情逐渐疏远,产生矛盾,双方于 2013 年年底提出离婚。蔡某与廖某婚后育有一子，并双方共同出资购买房屋一套，首付三成，30年还款。蔡某婚前一直投资股票，持有市值30万的上市公司股票，婚后该部分股票升值为40万。目前双方就孩子归属问题及财产分割问题产生纠纷，双方决定通过司法途径解决。目前廖某希望聘请律师来为自己解决该问题，但她对此了解甚少。

专家支招：

"打官司，找律师"，是维护自己权益的需要。当人面临离婚纠纷时，通常会陷入深深的痛苦与烦躁中，不仅要面对与配偶分道扬镳的残酷现实，还要面临分割共同财产的无奈。《婚姻法》与其他法律一样，都是博大精深的。《婚姻法》包含了婚姻登记的法律效力、夫妻财产制度的类型、夫妻个人财产的认定、夫妻共同财产及债务的处理、离婚时的经济帮助、损害赔偿、子女抚养与探望以及对隐瞒财产的处理等复杂琐碎的内容。《婚姻法》的司法解释涉及的问题更专业，例如对军人复员费、安家费的处理还要按公式计算，只有不断实践、深入研究才能对具体问题做出正确的法律分析。因此诉讼离婚一般应当聘请谙熟婚姻法律和诉讼程序的律师来处理有关问题，保护自己的合法权益。

一名出色的婚姻律师，不仅业务知识要全面，实践经验要丰富，而且要具备良好的心理素质，没有数年专业实践经验，很难达到这一水平。虽然对法官而言，处理离婚案件是相对简单容易的事，是其工作中极为普通平常的一个事情，一年当中甚至一个月当中能遇上几十个，但对于当事人而言，处理婚姻纠纷是其人生当中最重要的大事，关系到其一生的命运。因此，对婚姻律师而言，从婚姻案件对于当事人的重要性来说要远远高于一个经济案件，婚姻案件处理得好坏直接影响当事人的一生,因此,婚姻案件选择律师对于当事人也是十分重要的。

《婚姻法》包含了夫妻财产制度的类型、夫妻共同财产及债务的处理、夫妻个人财产的认定、离婚时的经济帮助、离婚时的损害赔偿、夫妻离婚时的财产操作等七个大的方面,每个大的方面又有更细微的分类,涉及的问题更为专业,只有身在其中不断研究,才能更加深刻地体会其中的奥妙。而相关的司法解释、法院操作指南更是细致难掌握,没有法学基础的普通当事人是无法利用好相关的规定为自己争取到最大权益的。

选择一个优秀的专业离婚律师应当从以下几个方面判断。首先,是要有较为丰富的诉讼经验。有几种职业的人越老越吃香,其中之一就是律师行业。婚姻案件代理的多了,实践经验丰富了,代理案件时就会轻车熟路,容易抓住案件争议焦点,处理事情事半功倍,能较为有效、及时、全面地处理当事人委托的事务。一般而言,一个执业三年以上、代理百起以上诉讼案件的律师是起点的要求。其中已婚律师能更好地体会夫妻双方感情变化,对婚姻状态能够更准确把握。当然,执业年限越久,也就意味着其掌握的经验越丰富。其次,要有很好的心理把控能力,于乱军之中稳而不乱。离婚案件不仅是唇枪舌剑,更是一场心理战。整个离婚过程中各个环节充满了心理对抗,在某种程度上讲,谁的心态把握得更好,谁分析事态就更客观,谁就更能分析到对方当事人的心态变化,谁就能在诉讼中争取主动,甚至不诉而胜。一个成熟老练的律师,能充分把握好案件的节奏。离婚案件不是以声压人,更是一场心理战。整个离婚过程中都存在心理较量,知己知彼,才能争取主动。一个心理素质良好的律师,能充分把握案件的进程、获得有利的结果。再次,律师需要有积极良好的工作态度。律师接受委托之后要全身心地投入案件代理工作,不论他是名律师还是没有名气的律师,必须要有认真的态度,严谨的作风,并且要有充足的时间对案件进行处理。对一个案件投入的精力越多,案情掌握得就会越熟,处理起来越得心应手,争取委托人的权益就会越多。因此,律师态度"认真"与否,至关重要。最后,需要有耐心、性格柔和的律师。离婚的当事人都曾有一段姻缘,与双方的家人也有过交往,有的还有子女的牵挂,所以离婚纠纷属于清官难断的家务事,如果能调解结案,就能使矛盾降到最小,这就需要律师有耐心做调解工作。离婚案件的处理需要采取尽量缓和的方式,尤其在和对方及其家人接触时,性格柔和的律师容易和对方沟通,缓和他(她)们的"敌对"心态,不至于火上浇油、越搞越乱。

有个问题是不可忽视的,就是要到有信誉的、正规的律师事务所去聘请律师,委托律师代理诉讼实际上是同律师执业的事务所签合同,所以当事人除了与律师见面后凭经验判断外,可以直接给接待人员提出要求,这样就能聘请到一位称心的律师,同时这种做法也是对律师工作的一种督促。从另一个角度来看,聘请律师本身也是一场经济行为投入。在很多案件当中,律师在最后会和当事人产生不愉快。那么,在婚姻案件中,婚姻律师与当事人不愉快的原因是什么?是相互的不理解。这些不理解和误会其实本可以在聘请律师的时候就相互讲清楚,或者在聘请律师合同中具体体现。由于种种原因,比如,律师怕当事人不签字交钱,有些话就没有讲到位;而当事人担心得罪了律师怕律师不好好为自己辩护,也不好意思问。在具体办案中,有些矛盾和摩擦自然会产生。下面是签订律师聘用合同范本及讲解。

聘请律师合同

（2005）××律民字第 号

专家解析：

案件编号是为了便于律师事务所管理，一般根据序号可以直接找到本案的案卷材料。

（以下简称甲方）与＿＿因离婚纠纷一案,聘请某某市某某律师事务所(以下简称乙方)的律师代理调解及出庭,经双方协议,订立下列条款,共同遵照履行：

一、乙方接受甲方的委托,指派某某律师(以下简称承办律师)为甲方与＿＿因离婚纠纷案的诉讼代理人。

专家解析：

合同双方主体的基本情况,聘请方是谁,受聘方是谁。因为律师不能以个人名义接案和办案,因此,受聘方首先是律师事务所而不是律师个人,律师个人一般只能是受律师事务所的指派承办案件,当然,这只是一个形式。一般而言,婚姻案件请律师,当事人看中的是律师个人,其次才是律师事务所的牌子。

二、代理权限：一般代理。

专家解析：

离婚纠纷是与人身关系密切相关的案件，人身关系一般法律不允许律师代理意思表示。比如,是不是同意离婚,是不是接受离婚的具体条件,因此,婚姻案件除当事人一方在国外做了授权公证或其他特殊情况外,不允许特别授权代理。在经济案件中,特别授权代理相当普遍,特别授权代理是指对于代理的案件,可以代替代理人做承认、放弃、变更的意思表示,或者达成和解协议,有权代为调解,有权反诉,等等。但离婚案件一般只允许代理人有一般代理的授权。如果当事人给予代理人另外的授权,最好写明,比如,签收法律文书。

三、承办律师必须认真负责,依法维护甲方合法权益,如因故不能出庭,乙方应指定其他律师接替,并于事前征得甲方同意。

专家解析:

一般情况下,聘请的律师应当亲自出庭,毕竟收人钱财,理应为人办事。但如果特殊情况发生,如严重疾病、死亡、意外事故等不可预见的情况,律师代理已不可能,在征得委托人同意后,受托的律师才可以另行找人接替。也就是说,换律师有两个条件:

其一,原来请的律师发生了不可预见的事件,如死亡、重病等。一般的案件开庭冲突、其他案件繁忙都不能成为换人的理由。

其二,征得了委托人的同意。既然受托的律师出现了意外,一般而言委托人都是通情达理的,对原律师推荐的新律师还是信任的。如果不信任,可以与原律师或所在的律师事务所协商,根据具体情况协商退还部分或全部代理费用。为了明确责任,防止律师间相互扯皮和拆台,一般在合同中可以明确一个主办律师和配合律师。为了保证律师之间沟通的及时性,除了特别重大、疑难或跨地域的案件外,一般不要跨律师事务所聘请律师。

四、甲方必须真实地向承办律师叙述案情,提供有关本案证据。乙方接受委托后,发现甲方捏造事实,弄虚作假,有权终止代理,所收费用不予退还。

专家解析：

如果要求当事人全部对你讲实话，在婚姻案件中有时也是不可能的。因为婚姻案件涉及个人绝密的隐私，当事人对律师的信任毕竟是有一个过程的。但律师不能原谅当事人捏造事实，或者说你捏造了事实律师却还蒙在鼓里还不知道，这是一件令人不愉快的事。这会造成律师心里的不快，甚至可以导致律师单方解除代理合同。下面举一个例子，在一起离婚案件中，律师问当事人，在婚姻关系存续期间内，在某银行是否有过存款，哪怕是存过一分钱。当事人明确保证绝对没有！开庭时，对方律师在法庭调查后的相互提问阶段向当事人发问，在婚姻关系存续期间，在某银行有没有存款，在当事人明确表示绝对没有后，对方律师从容地拿出一个银行出具的存取款证明，证明当事人在某银行婚后有14万多元钱的存款，并于提起离婚诉讼前两个月销户。因此对方律师要根据《婚姻法》第47条追究故意隐匿共同财产的责任，导致法官就此问题对当事人进行了训斥。事后，律师问当事人为什么不提前告知，当事人说这个账户已销户了，以为查不出来。其实，一般账户销户的一段时间内都是可以把存取款明细查出来的，这一点对律师是常识。如果当事人当初对律师讲了实话，律师就会制订一些方案，就不至于这么被动。

五、根据双方协议，本合同签订时，甲方向乙方支付代理费　　元。交通费、查询费、邮寄、差旅费等必须开支凭据支付。

专家解析：

有些律师事务所现在还沿袭以前的格式有"手续费"一项，并且一收就是几千元。当事人当然不会顾及这些，主要是看律师一共收多少钱。律师一般是按财产争议额以及考虑办案事务多少收费的。另外，办理过程中的交通、查询、邮寄等费用，也需要当事人支付的，一般市内交通费加上邮寄费用不会超过二百块钱。律师在结案时，会打一个详细的单子，把每次的交通费、邮寄费用列明，让当事人钱花得心里有数。

六、如一方要求变更合同条款，需另行协商并签署书面文件。

专家解析：

合同一旦签订，任何一方必须履行，如果需要变更，当然需要另行签订书面文件了。

七、本合同自甲乙双方签字盖章之时生效，有效期限自合同生效之日起，至本案调解协议达成或法院一审审理终结（判决、调解、案件和解及撤销诉讼）时止。

专家解析：

当事人尤为注意的是，律师的任务不是打完你心理意义上的整个官司（离婚）为止，而是诉前调解结案或一审审理终结为止。只要一审法院的裁判文书包括调解书出来，一般律师的任务就算完成了，之后，如二次起诉或上诉的事儿我们都没有义务管了。也就是说，这个案子你交了一万块，并就这种合同条款签订的合同，如果一审法院判了，拿到判决/调解/裁定书了，律师的任务就完成了，若当事人再上诉、申请执行，需要另行支付代理费用并办理相关手续。

八、本文书一式二份，甲乙双方各执一份，各份具有同等效力。

专家解析：

一份交律师事务所存档备查，一份由当事人保管。当事人有两样东西必须向律师索要:其一就是这个合同,其二是代理费发票。

九、促进双方愉快配合条款:(此条款是律师根据案件代理的实际情况加写)

专家解析:

1.一般情况下,若当事人欲与律师就案件问题协商,最好到律师事务所或承办律师指定的场所进行。

2.代理期间当事人与对方当事人及其他涉案人员的纠纷(如争吵、报警行为、转卖房屋、互殴行为的处理),均不属于本律师事务所此合同代理的范畴。

3.若案件涉及房屋评估、家庭财产清点、陪评估机构、法院清点人员勘测或代理当事人陪评估机构勘测、清点财物不在本合同范围之内,若当事人欲由承办律师办理,须另行支付费用。

4.当事人上班时间若与承办律师联系,请先拨办公电话找承办律师,防止律师开庭不方便接听电话或关机引起双方误会。另,晚10点后若无特殊情况,请勿与律师联系。

5.当事人提供证人,一般到律师事务所进行笔录提取,除非证人有特殊情况(家里孩子无人照顾、病人、老人等)需要律师上门。

6.与对方当事人协商离婚事宜,原则上要求在公共场合(如律师事务所、茶舍、咖啡吧等)进行,忌讳到对方当事人家里谈判,协商所需费用(茶点费、咖啡饮料费用等)由当事人另行支付,凭据结算。

7.为确保时间性,律师向法院或有关部门提交的邮寄采用邮局特快专递 EMS 或联邦快递,若当事人有异议,需改挂号信,请签订合同时提出,律师不建议采用平信寄信。

8.律师应充分理解当事人的心情,对当事人要有耐心。当事人也应理解律师时间的有限性。

9.案件进程,可以通过网站案件受理系统查询,不明白之处,可先询问律师助理,或由律师助理转告承办律师与当事人联系告知。

甲方:　　　　　　　　乙方:某律师事务所

地址:　　　　　　　　　地址:

电话:　　　　　　电话:　　传真:

邮编:　　　　　　　　邮编:

年　月　日　　　　年　月　日

5.遗产继承纠纷如何聘请律师

案例:

　　被继承人李某兰于 2009 年 1 月 24 日去世,其夫王某杰已于 2008 年去世,二人生前无子女,其他第一顺序继承人均先于被继承人李某兰去世。原告李某颖系被继承人李某兰之妹，为被继承人李某兰唯一的第二顺序继承人。被告李某华、第三人李某英与被继承人李某兰系姑侄关系，第三人王某茹系被继承人李某兰丈夫王某杰之侄女。因被继承人李某兰夫妇生前无子女，夫妇二人考虑到自身年老体弱，故于2003年在被告李某华及第三人李某英住所附近购买房屋居住，以期有所照料。据李某兰所在居委会证实，自李某兰夫妇迁至辖区后，被告李某华及第三人李某英对二老多有照料。

李某兰生前未向居委会提及遗产处理问题，第三人王某茹在庭审中提出其对二老亦进行过照料，尤其在老人病重住院期间照料较多，对于第三人王某茹参与过照料老人其他当事人未表示异议。对于被告及第三人照料被继承人的事实原告亦表示认可。各方当事人确认被继承人李某兰遗产为私产房屋一套、存款320000元及金耳环一对。房屋权属证书、存款及金耳环均在被告李某华处保管。被告李某华主张被继承人李某兰已在去世前口头将全部遗产赠予被告，对此其他各方当事人均不予认可。被告李某华申请证人出庭作证，证人赵某庆、张某龙、张某刚均证明2009年1月21日被继承人李某兰在其见证下将房屋及财产赠予被告，当时被继承人李某兰神志清醒。原告李某颖、第三人李某英、第三人王某茹均主张对被继承人李某兰名下的房屋及320000元存款、金银首饰予以继承。

专家支招：

继承纠纷通常是因为遗产分割产生争议所致，纠纷往往发生在与被继承人有着血亲关系和婚姻关系的家庭成员之间，并往往涉及当事人以及当事人与死者的亲情纠葛。因此，妥善解决遗产分割纠纷，对维护家庭和谐、社会安定尤为重要。当事人在聘请律师前,应当对这些继承关系的常识有所了解,以便于后期跟律师进行沟通协商,以进一步保障自己的权利利益。

第一是男女享有平等继承权。受传统习俗的影响,有些人还保留着遗产"传男不传女"的错误观念。因此,应当在继承过程中强调男女平等的法制观念,除非当事人自愿放弃,男女在继承权上一律平等。具体表现在:财产继承权不分男女,平等享有同一顺序的继承人继承遗产的份额不分男女,应当均等;有代位继承权的晚辈直系亲属不分男女都有权代位继承父或母的遗产;配偶一方死亡,继承的一方不分男女都有权处分其所继承的遗产,也可以在继承遗产后自主决定再婚与否。

第二是养老育幼。保护弱者婚生子女、非婚生子女、养子女与形成抚养关系的继子女享有平等的继承权。在分割遗产时,要注意保留胎儿的继承份额,对生活有特殊困难或缺乏劳动能力又没有生活来源的继承人予以照顾,对与被继承人共同生活的老年人和未成年人应当多分遗产。在遗嘱继承中,即使遗嘱人未保留胎儿或缺乏劳动能力又没有生活来源的继承人的遗产继承份额,也要给予分配遗产。这既体现了社会主义法律对弱者的保护,也有助于社会和谐稳定。

第三是权利义务相一致。如果被继承人没有订立遗嘱,也没有订立遗赠抚养协议,其遗产按照法定继承处理。而法定继承的具体方案,实际是推定该方案最能体现被继承人的意志,体现普遍的社会评价。其中,对被继承人尽义务较多的,应当多分得遗产。丧偶儿媳对公、婆,丧偶女婿对岳父、岳母尽了主要赡养义务的,可以成为第一顺序法定继承人,享有第一顺序继承权;分配遗产时,对被继承人尽了主要扶养义务或者与被继承人共同生活的继承人,可以多分;有扶养能力和有扶养条件的继承人,不尽扶养义务的,应当不分或者少分;继承人以外的对被继承人扶养较多的人,可以分得适当的遗产;继承人继承遗产时,应当先清偿被继承人的债务;遗赠扶养协议的扶养人如果未尽扶养义务,不得享有受遗赠的权利。权利义务相一致原则的贯彻,体现了国家公共政策的导向,鼓励养老助老良好风气的形成,有利于保护老年人的合法权益。

第四是充分发挥遗产效用。遗产计划是个人考虑到本人会发生不幸,提前对个人财产、葬礼计划、被扶养人扶养事宜做出合法、有效、全面的计划。在中国,大众意识中尤其是中青年没有遗产计划的概念,但在实践中,老人们一般在患重病或发现意外伤害事故时,会召集子女、亲戚对葬礼、老伴由哪个子女儿媳照顾生活、个人财产做出安排,这其实就是遗产计划。但相对于国外盛行的聘请律师或理财师、或专门机构设立和执行遗产计划,中国人对遗产的安排较为简单,形式上主要表现为立遗嘱,而设立遗赠扶养协议则是比较具有中国特色的。这里面既有财产权种类较少的因素,也有我国相应法律相对缺乏的因素。在中国就遗产继承有《继承法》和最高人民法院的司法解释,没有专门的遗产法,也没有遗产税,所以死者生前主要考虑的是防止家庭纷争,而没有高额的遗产税之忧。中国人对于"死"有很避讳的传统观念,本人忌讳,亲朋好友更不愿谈起,所以绝大部分人就很避讳谈遗产继承之事。如本人提及则被视为不吉利,子女讲则被视为不孝。传统的做法是患重病或发现意外伤害事故时,本人才就遗产和葬礼做出安排。在农村,死者生前对葬礼的安排更多于对遗产的分配安排。这也是中国绝大部分人没有遗产计划的主要原因。

一般来说,解决问题最好的方式是防患于未然,就遇到的继承问题聘请律师首要的是协助确立继承法律文件,以保证整个家族在继承先辈遗产时免陷于混乱。做遗产计划并聘请第三方(律师或公证处、其他机构)做执行人在国内外的实践均被证明是行之有效的。应明确遗产为个人合法的财产,有权属争议的共同财产、已设立担保的财产在析产、解除担保之前不宜列入。应明确个人债务与应缴的国家税款。应确认承担财产来源或人员。要注意非婚生子的继承权与缺乏劳动能力又没有生活来源的继承人的遗产份额。当事人决定聘请律师时,应当通过各种方式同律师事务所进行沟通,并与律师事务所签订有关委托协议并交纳律师服务费,其后由律师事务所指派专职律师,为当事人具体处理继承纠纷。

当发生继承且已经聘请了律师时,律师一般会根据相关情况进行程序化处理。首先是为当事人进行遗嘱见证和遗产管理,避免当事人因继承问题发生纠纷。其次是合法有效的执行遗嘱,尽量通过非诉讼手段解决当事人之间的继承纠纷,维护当事人的合法权益。再次是适时启动诉讼法律程序,依法维护我方当事人的合法权益;然后是依据我方当事人设计处理继承纠纷的思路,制定具体的非诉讼协商对策或应诉策略。最后是依法参与非诉讼或诉讼等活动,依法维护我方当事人的合法权益。

在确定了相关事项后,当事人律师将为当事人处理以下事项。第一,是为当事人代书遗嘱,依法协助当事人采用遗嘱方式处理财产。主要环节包括但不限于审核当事人人身关系基本情况,对当事人提交的财产清单中的财产状况进行必要的调查审核，根据当事人的意愿，草拟、代书遗嘱并对遗嘱进行管理。第二，是对遗嘱进行见证，确定当事人遗嘱行为的客观性与合法性。工作的主要环节包括但不限于审核当事人人身关系基本情况，对当事人提交的财产清单中的财产状况进行必要的调查审核，对当事人立遗嘱的行为进行见证并对遗嘱进行管理。第三，是在当事人委托律师作为遗嘱执行人的情况下，在继承开始时，为继承人依法办理合法的继承手续，并参与有关法律程序。其工作内容包括但不限于妥善管理和保护被继承财产，并采用定期联络的方式，确保在被继承人去世后，能及时通知继承人；公开遗嘱；在执行遗嘱时，排除妨碍，确保被继承人的遗产按照遗嘱得到有效合法的执行。第四，是在当事人就继承问题产生纠纷的情况下，当事人律师会全面了解案情，为当事人拟制出非诉讼解决继承纠纷及起诉、应诉方案或提纲。其具体工作内容包括但不限于收集、整理、分析有关证据，全面了解并透彻分析案情，制定工作思路和提纲。在必要时，提起诉讼或应诉，及时依法解决继承纠纷，维护当事人合法权益。第五，是在由对方当事人启动有关法律程序的情况下，律师需要及时全面了解案情，为当事人依法解决继承纠纷的前期诉讼。其工作内容为收集、整理、分析有关证据；透彻分析案情，拟制出非诉讼解决继承纠纷或应诉活动的方案或提纲；及时依法为我方当事人维护权益。在后续工作中，当事人律师将与有关办案机关交换意见，有的放矢地解决继承纠纷并参与具体的调解诉讼活动，依法维护我方当事人的合法权，向有关办案机关提交代理意见，根据办案机关对继承纠纷的判决、处理结论，分析结论的合法性、公正性，对当事人提出继续处理本案的参考性意见。

6.刑事案件如何聘请律师

案例：

　　2005 年某日中午，在某市繁华的街道上，两名同骑一辆摩托车的年轻人慢慢靠近一名中年妇女，其中一人猛地扯下妇女脖子里的金项链后，摩托车随即加速离开。被抢夺的妇女遭此突变，边追赶边向路人呼救。恰巧其子张某正驾着轿车在附近等候购物的父亲，听到母亲的呼救后立即顺着母亲指示的目标驾车追赶，轿车追着摩托车转过几个弯后驶上了一条丁字路口，就在摩托车尚未减速转弯时，急速追赶的轿车撞在了摩托车后部，摩托车随即前冲，撞到前方的路沿石上，越过人行道和护河堤，摔进河里。摩托车骑手被摔在路沿石附近当场死亡，乘员受伤，张某的轿车也因刹车不及撞上路沿冲上人行道。张某随即下车报警，公安机关赶到后将张某抓获。

　　本案张某的行为如何定性以及应否承担刑事和民事责任方面出现了较大的分歧，形成了两种观点：第一种观点认为，张某的行为直接针对实施飞车抢夺后尚未脱离追捕的犯罪分子，应属于正当防卫，对被害人死亡和受伤的后果不应负刑事和民事责任。虽然本案后果严重，但实属被害人咎由自取。第二种观点认为，张某的行为构成故意伤害罪，但属于情节轻微，可免予刑事处罚，并应适当承担民事赔偿责任。其理由：

首先,张某的行为属于见义勇为,具有积极的社会(意义)价值,其主观方面所积极追求的是抓捕实施了违法犯罪行为的在逃犯,帮助追回被抢财物,在所驾车辆远不及所追车辆灵活的情况下,于城市繁华道路上长距离追击,并利用稍纵即逝的机会实施撞击,应认定其主观上在追求使被害人束手就擒的同时,放任了被害人伤害后果的发生;其次,被害人实施飞车抢夺后在繁华市区道路上驾车高速逃逸的行为本身仍然具有较大的社会危害性和人身危险性;再次,被害人高速骑行的摩托车在受到被告人撞击之前已处于近乎失控的高度危险状态,该危险状态是被害人自愿选择的,也是其自主行为直接造成的,而被告人的撞击在导致被害人伤亡的全部原因中所占比重较小。此案经法院审理,认定被告人构成故意伤害罪,判决对被告人免于刑事处罚,同时判令被告人对附带民事诉讼原告人予以适当经济赔偿。

专家支招:

刑事案件同民事案件相比具有特殊性,刑事案件的诉讼主体是国家,被害人一方无需自己负责辩护,而犯罪嫌疑人需要进行辩护,在没有资金聘请律师的时候,也可以由诉讼机关指定律师为其辩护。但站在当事人利益的角度来考虑,当事人自己聘请律师一般会更有利于保护当事人的合法利益。当事人聘请律师来为他进行辩护,这从主客观角度来谈都是有必要的。但由于以往的经验,许多当事人也对律师有所误解,这些误解体现在以下几方面。首先是一些当事人及其家属认为刑案请律师请了也白请,他们认为,既然事儿都出了,判不判,怎么判是司法机关的事,请律师也起不了多大作用。其实,有许多案件由于律师的介入,从法律的角度与司法人员探讨沟通,当事人的权益能得到更好的维护。有的案子在侦查阶段就结案了,有的到了检察院不予起诉,有的在法院被宣告无罪。

聘请律师辩护与聘请普通公民辩护主要有两方面的区别:第一,律师在刑事诉讼中享有一些其他辩护人没有的权利,如会见在押的犯罪嫌疑人、被告人,查阅本案的卷宗材料,向证人调查取证等,而非律师的辩护人不享有这些权利。第二,作为专业人士,律师的法律专业水平、诉讼技巧一般要高于非专业的辩护人。因此,刑事案件委托律师代为辩护,更有利于维护犯罪嫌疑人、被告人的合法权益。

有些当事人误以为嫌犯家属有权知悉案情。他们认为他们有权利了解案情,公安人员和检察院、法院的司法人员应该向他们公开案件的情况,这是一种错误的观念。根据我国相关法律规定,刑事案件属于国家秘密,为防止串供或其他行为,在法院开庭审理前,任何人都不能向犯罪嫌疑人家属透露相关案情,否则就构成了泄露国家秘密罪,其中包括家属聘请的辩护律师。辩护律师有权在公安侦查阶段了解案情,在检察院公诉阶段复印技术性材料,但这些材料都不能给家属看,只有在法院开庭审理后才能公开。所以,辩护律师享有的法律所赋予的权利家属均不能享有,可见,聘请刑事辩护律师是非常重要的。

部分当事人及其家人认为犯了事儿不用着急找律师,找律师也没用。顶多开庭的时候找律师辩护一下就可以了,早找律师没有用。这种观点会导致许多有利于当事人罪轻或无罪的证据灭失,从而对当事人不利。当事人在被侦查机关第一次讯问后或者采取强制措施之日起,就可以聘请律师为其提供法律咨询。当事人"出事"后，其家属应尽早找律师，使律师从公安侦查阶段就介入案件，尽早会见当事人，了解案件情况。

为什么刑事案件的当事人更需要聘请律师呢？根据我国新的《刑事诉讼法》的有关规定，在犯罪嫌疑人第一次被讯问或者被采取强制措施后就可以聘请律师为其提供法律帮助。

首先，犯罪嫌疑人在一般人眼里都是穷凶极恶的，但站在当事人角度来说，法律平等地保护每个人的权利。在法院判决犯罪嫌疑人罪行之前，他们都是平等的，他们的合法权利需要得到保护。其实，多数情况下，犯罪嫌疑人是处于弱势地位。对于一个从来没有进过监狱的人来说，监狱是非常恐怖的，莫说不懂法律的人将会无法保护自身的合法权益，就算是懂得法律的人此时也会心里发慌。由于所处的特殊的环境、特殊的地位，即使犯罪嫌疑人的头脑还是清醒的，他也很难真正做到保护自己的合法权益。

其次，多数犯罪嫌疑人是在家属不在场的情况下被抓的，直到办案人员发来通知书时，家属们还蒙在鼓里，甚至根本不相信自己的亲人会犯罪，至于案件的真实情况就更是一无所知了。此时家属们最想了解的就是他们的亲人到底犯了什么罪，到底有多重，到底什么时间才能让他恢复人身自由，等等。他们只能是道听途说，就算有些家属急急忙忙花钱找门路，能够很快得到一些案情，但也只能是传来之说。等到自己的亲人最后被判刑了，才真正了解到全部的案情。

如果能够及时地聘请律师，律师依据法律的规定，可以在第一时间会见犯罪嫌疑人,向其彻底了解案情,让犯罪嫌疑人自己亲口说出案件的原委。律师进行全面记录并由犯罪嫌疑人亲笔签字确认。这样得到的案情才是最真实的,没有任何水分。当真正了解了案情以后就可以定下一个具体的计划,从而开始为亲人能够早日恢复自由而奔忙。按照法律的规定,律师可以在犯罪嫌疑人第一次被讯问或者被采取强制措施后会见犯罪嫌疑人,可以为他进行法律咨询。由于犯罪嫌疑人的特殊身份、特殊地位,加上对法律知识的缺乏,犯罪嫌疑人往往不敢大胆地维护自己的合法权益。因此当犯罪嫌疑人被抓后,家属就应当立即为他聘请律师,有了律师的及时咨询,犯罪嫌疑人就会心中有底。律师可以监督办案人员的审讯过程,从而真正保护犯罪嫌疑人的合法权益。

按照规定,律师可以为犯罪嫌疑人申请取保候审。犯罪嫌疑人被抓以后无论是他自己还是他的家属最盼望的就是犯罪嫌疑人能够早日恢复人身自由。恢复人身自由的途径之一就是取保候审。犯罪嫌疑人被取保后就可以走出看守所,可以与家人团聚。当然并非所有案件的犯罪嫌疑人都可以被取保。律师可以在会见犯罪嫌疑人后认真对案件进行分析,凡是依法可能被取保的律师就会及时提出申请,这样犯罪嫌疑人就有可能很快恢复有限制的人身自由。而且律师的介入将极大地提升犯罪嫌疑人应对不确定因素的能力,降低重案、案中案发生的几个率。根据《中华人民共和国刑事诉讼法》第三十三条、第三十七条规定,辩护律师会见在押犯罪嫌疑人,除了危害国家安全罪、恐怖活动犯罪、特别重大贿赂犯罪案件等三个罪名需要批准外,其余均是无障碍会见,而且不被监听,这将有助于辩护律师第一时间从犯罪嫌疑人口中了解案情的真相。根据已交代的案件结合可能出现的情况及时研究出相应的对策,并采取针对性的工作,最大限度地减少重案、案中案发生的可能性。

刑事辩护律师对非法证据排除程序的合理应运,有助于被告人依法"翻供"。最高人民法院、最高人民检察院、公安部等颁布的自2010年7月1日起施行的《关于办理刑事案件排除非法证据若干问题的规定》第一条、第二条和2012年修正通过的《中华人民共和国刑事诉讼法》第五十四条均规定,采用刑讯逼供等非法方法收集的犯罪嫌疑人、被告人供述和采用暴力、威胁等非法方法收集的证人证言、被害人陈述,应当予以排除。在侦查、审查起诉、审判时发现有应当排除的证据的,应当依法予以排除,不得作为起诉意见、起诉决定和判决的依据。这说明非法证据排除已引起司法实务界和立法者的重视。但要启动这一程序,达到预期的效果,则需要专业刑辩律师参与方可。

辩护律师在侦查阶段、审查起诉阶段和法庭审理阶段拥有独立的调查取证权,这将极大地降低冤假错案的发生。《中华人民共和国刑事诉讼法》第四十条规定:辩护人收集的有关犯罪嫌疑人不在犯罪现场、未达到刑事责任年龄、属于依法不负刑事责任的精神病人的证据,应当及时告知公安机关、人民检察院。第四十一条第一款规定:辩护律师经证人或者其他有关单位和个人同意,可以向他们收集与本案有关的材料,也可以申请人民检察院、人民法院收集、调取证据,或者申请人民法院通知证人出庭作证。这说明辩护律师在侦查阶段、审查起诉阶段和法庭审理阶段拥有独立的调查取证权。律师拥有调查取证权之后,即可按照犯罪嫌疑人、被告人提供的线索收集到对其有利的证据,从而最大限度地防止冤假错案的发生。

专业刑事辩护律师的介入将端正犯罪嫌疑人、被告人正确面对其犯罪行为,防止办案人员人为地将案情严重化。有些犯罪嫌疑人和被告人,特别是犯涉嫌故意杀人罪等重、特大刑事案件的犯罪嫌疑人或者被告人,或因为犯罪而内疚,或因为对生存感到绝望而自我折磨,从而自暴自弃,破罐子破摔。面对侦查人员的讯问,不三思而后言,有时还故意说了一些不该说的话,承认了一些不该承认的事实,导致有可能无法查清的事实却由于其自身的原因而"水落石出"。而有的办案人员,或因为领导压力、或出自自己的私心,一味地追求大案、要案的数量,从而人为地制造重、特大刑事案件。律师的及时介入给迷途的人们指明应对的方向,从而为将来的辩护打下坚实的基础。

专业刑事辩护律师的培训和指导,将极大地提升被告人应诉和抗干扰的能力。基于信息不畅和经验、专业知识等方面的问题,以被告人一己之力是无法与公诉机关抗衡的,而律师在刑事诉讼活动中的广泛介入,将极大地提升被告人应诉和抗干扰的能力。记住一点,只有被告人真正地掌握了律师的辩护精髓,律师的辩护才能产生实质性的作用。

专业刑事辩护律师研究案卷材料后通过庭审和向法庭提交的辩护词,将使法院的判决更趋向于公正合理。专业刑事辩护律师介入后,通过对案卷材料进行深入细致的研究,将极大地降低因法官的疏忽、专业知识和能力的缺陷、敬业精神的缺失等而让被告人遭受的不白之冤,从而使法院的判决更趋向于公正合理。

送去亲人的关怀,矫正扭曲的灵魂。俗话说,患难朋友才是真朋友。在犯罪嫌疑人或者被告人落难于看守所时,每一个人都希望自己的亲人和朋友送来关怀和温暖,而律师是在整个刑事诉讼过程中是唯一可以与被告人面对面的人,律师的介入不仅能缓解犯罪嫌疑人、被告人的紧张情绪,为其答疑解惑,而且能为犯罪嫌疑人、被告人建立起与外界沟通的桥梁,让他们充分感受到来自亲朋好友的关爱。同时还可以帮助其树立正确的人生观和价值观,让其迷途知返,不要自暴自弃。由此可见,让有罪的人早点回家,为无罪的人洗清冤屈,是律师辩护所应努力追求的,但如果仅仅停留在此,而不对犯罪嫌疑人、被告人扭曲的心灵进行矫治,那么,即使在律师的努力之下少坐了几年牢,出来以后仍有可能再犯罪。因此,律师辩护的成功不仅仅在于判决结果的成功,更重要的是通过律师的说服、劝导,消除犯罪嫌疑人、被告人再次犯罪的犯罪意念,帮助他们走上正轨,以健康的心态面对以后的漫漫人生路。

刑事案件根据具体案情来看,具有相对复杂性,一是体现在对事实的认定上,二是体现在对法律适用及解读上。这些都对刑事辩护律师的综合素质和能力提出了更高的要求。那么,哪种律师适合作为刑事辩护律师呢? 具体而言,评判一个优秀的刑事专业律师应当看其:

(一)是否以刑事辩护作为其主业

刑事辩护,是一项专业性很强的工作,它不仅要求律师有扎实的刑法理论根底,而且要求律师具备缜密的逻辑思维、敏锐的洞察能力、丰富的社会阅历、触类旁通的领悟能力以及日益积累的实务操作技能,否则,无法具备高度的职业敏感性,无法找准案件辩护的切入点,无法将律师的辩护思想准确传输至被告人。被告人也无法通过律师的辩护工作巧妙地应对公诉人和法官的提问,从而正确处理好认罪与辩解的关系。可以说,律师对刑事辩护这一领域的爱好与投入,将极大地提升其思考问题的广度和深度,将极大地丰富其辩护的思维视角,将极大地激发其学习、总结经验的潜能,而这,又直接关系到律师辩护的成功与否。因而,将刑事辩护作为其发展方向的律师,其刑辩理论和实务操作技能比一般的律师强得多。相信一句话,术业有专攻,只有专业,才能值得信赖。

(二)是否发表过专业性的文章

律师在法律类期刊或者报纸上发表专业性的文章,或者出版专著,说明其在这一领域的深入探索和研究,从一定程度上反映了他在这一领域知识的积累与沉淀,有的甚至通过这些学说奠定了他在这一领域的权威。因此,根据其所发表的文章来考察他在这一领域的能力,是可行的。

(三)是否有过成功辩护的案例

优秀的刑事辩护律师,能够充分利用其对刑法理论和刑法规则的灵活掌握,一方面可以弱化公诉机关对被告人犯罪事实的指控;另一方面可以通过已有证据的漏洞和自身所收集到的证据,强化被告人从轻、减轻处罚的情节,从而说服法官采纳其辩护观点。具备了这一素质的律师,一般都有过成功辩护的刑事案件。反过来,通过其所经办的案件,来考察其专业素养和办案技能,亦是不可或缺的。

(四)能否吃透案情或者看破一审刑事判决书

吃透案情或者看破一审刑事判决书,是任何一个辩护律师所应具备的基本素质,唯有如此,方能把握案件的实质,找准辩护的切入点。

(五)临场应变能力和沟通能力

新的《律师法》实施后,律师在检察院审查起诉阶段即可查阅、复制本案全部案卷材料,而不是要等到检察院提起公诉以后。相对于以前,律师熟悉案情的时间更充裕,也有足够的时间去准备每一个辩护的细节,但不管怎样,在法庭调查阶段,被告人在侦查机关的讯问下,难免会出现这样那样的纰漏。律师如何有效利用这一环节对被告人发问,将直接决定着案件的成败。这需要律师通观全局,随机应变,方能运筹帷幄,稳操胜券。而沟通能力则是每一个从事律师的人所应具备的基本的素质,刑事辩护律师更是如此。辩护律师拥有良好的沟通能力,不仅能把其辩护的观点准确地传输给法官和公证人,而且能够充分地利用刑事司法政策与法官讨价还价,为被告人争取更多的自由空间。

在我国,刑事案件包含以下几个过程:侦查阶段、审查起诉阶段、法院审判阶段。每个阶段对当事人来说,需要去面对解决不同的事情,每个阶段对当事人来说都十分重要。

一、侦查阶段

侦查阶段是案件的开始,在这个阶段犯罪嫌疑人已经被抓,其人身自由已经受到限制,可能已经被关进了看守所。自此,犯罪嫌疑人开始与外界失去联系。他开始由一个完全独立主动、可以自由表达自己思想的人转变成一个相对被动同时又无法完全自由表达思想的人。此时由于他所处的特殊的地位,特殊的环境,相对来说孤立无援。他非常渴望有一个他信赖的人能够和他站在一起,能够跟他说几句话,对他来说都是巨大的安慰。然而当面对侦查人员严厉的目光,冰冷的墙壁,以及他根本无法打开的手铐时，他唯一能做的就是叹息。如果此时能够有一位律师突然出现在他的面前，带给他的将会是常人难以想象的惊奇和喜悦。而此时律师的工作也开始拉开序幕。

1.为犯罪嫌疑人提供法律咨询。

多数犯罪嫌疑人不懂得法律，或不是很懂法律。作为没有任何压力，完全独立主动且精通法律的律师则可以为他进行法律咨询，使他对自己的行为有一个全面正确的认识，律师可以告诉他他的行为的严重性，以及可能发生的结果。他可以向律师提出相关法律问题，律师会认真全面地解释。可以使他结合自己的行为和法律对自己做出一个相对肯定的认识。

2.了解案件的实情。

犯罪嫌疑人被抓以后，多数便立即与外界失去联系。多数家属并不清楚犯罪嫌疑人到底做了什么。这时如果有了律师的及时参与，所有问题都将迎刃而解。家属只需坐在家中，静候佳音。律师会见犯罪嫌疑人全面地了解案件的真实情况，并让犯罪嫌疑人亲笔签字，如此得到的案件情况具有绝对的可靠性。

3.申请取保候审。

取保候审是犯罪嫌疑人能够尽早恢复人身自由的一种有效的途径。犯罪嫌疑人被限制人身自由以后，无论是他自己还是他的家属都盼望他能够早日恢复自由，早日与家人团聚。然而在他被法院依法正式宣判无罪或缓刑之前可能面临长达几个月的关押，取保候审是使他恢复自由的唯一途径。当然并不是所有的案件中的犯罪嫌疑人都可以被取保候审，但律师可以对具体的案件依据法律和事实进行认真分析，在适当的时机及时提出申请,以使犯罪嫌疑人及早恢复人身自由。

4.代为申诉控告。

侦查阶段是刑事案件的开始,是确定犯罪嫌疑人是否犯罪,或轻或重的非常重要的基础。

根据以往披露的案例,在侦查阶段办案人员在审讯过程中可能存在违法行为。例如,有刑讯逼供的现象,当然这仅仅是个别现象。即使这样,法律对这样的行为也是绝对不允许的,而且依法还要对责任人进行处罚,但由于此种现象不容易被发现,所以犯罪嫌疑人常常只能默默承受。有很多犯罪嫌疑人在法院审判阶段突然翻供,当问他是什么原因时,他说在侦查阶段他是被逼的,然而却拿不出任何证据来证明。结果不但翻供不成,反而可能会被认为拒绝认罪,无悔改之心。如果有了律师的参与,这样的现象就完全可以避免。律师去会见犯罪嫌疑人时,犯罪嫌疑人可以及时把自己所受到的审讯的全部过程向律师陈述,律师可以依据犯罪嫌疑人的陈述对相关责任人进行控告,从而有效地监督办案人员的审讯行为,使他们不能再对犯罪嫌疑人违法审讯,而且控告一旦成立,原来的口供就有可能由于违法取证而完全失去效力。这样一来犯罪嫌疑人就可以为自己今后面临的审判打下良好的基础。

二、审查起诉阶段

侦查阶段一旦结束,侦查机关将根据案件的具体情况对犯罪嫌疑人做出不同的处理。对那些侦查机关认为需要追究刑事责任的犯罪嫌疑人,侦查机关将依法报请检察机关提起公诉。于是便引起刑事案件的第二个阶段:审查起诉阶段。检察机关在这个阶段里将对侦查机关上报的案件进行认真全面的审查,如果认为犯罪事实清楚证据确凿,检察机关将依法向人民法院提起公诉。对于那些事实不清,证据不确凿的将依法退回侦查机关补充侦查,对于不需要追究刑事责任的将依法不予起诉。在这个阶段里,律师主要是审查各种法律手续,如居留证,逮捕证,等等,同时审查这些行为是否合法。根据律师所掌握的案件情况及时向检察机关提出建议,如侦查机关上报的涉案罪名是够正确,侦查机关在审讯犯罪嫌疑人的过程中有无违法取证的行为,侦查机关未注意到或者忽视的有利于犯罪嫌疑人的重大情节及证据,等等。律师通过与检察机关的接触、磋商、研讨从而说服检察机关对案件能有一个更加清楚的印象。侦查机关由于种种原因,对其办理的案件未必都能做到程序合法,证据确凿。检察机关由于种种原因也未必就一定对案件做出准确的定性。此时如果有了律师的参与,律师将从相反的角度,至少是不完全相同的角度与检察机关进行研讨,将会有利于检察机关综合、全面、公正地对案件进行审查,从而避免或者减少对侦查机关上报的案件先入为主。不仅仅要着眼于不利于犯罪嫌疑人的证据、情节。同时还会着眼于有利于犯罪嫌疑人的证据、情节。如果案件确实存在较大的问题,律师可以向检察机关提出建议,建议退回侦查机关作补充侦查。

这样就可以尽最大的可能避免错案的发生。而一旦形成错案,首先也是最大最直接的受害者便是犯罪嫌疑人。错案一旦形成,再想纠正势必会花费几倍、几十倍甚至更多的时间、精力、和财力。法院将根据检察机关的公诉请求对案件作最后的审判。因此可见审查起诉阶段非常重要,切切不可忽视。律师在这个阶段大有可为,而且为最后法院审判阶段能做好充分的准备。

三、审判阶段

该阶段是律师工作全面、综合的体现,是律师发挥辩护作用的最后也是最关键的阶段。在这个阶段里,律师将根据此前他所掌握的一切有利于被告人的证据、情节依据娴熟的法律知识全面地对抗公诉机关,与公诉机关展开全面的唇枪舌剑。此时公诉人代表国家对被告人提起公诉,并将依据事实、证据、法律请求法院追究被告人的刑事责任。律师则恰恰相反,律师将根据事实、证据法律提出被告人无罪、罪轻,并请求法院充分考虑自己的意见。律师将凭借自己娴熟的法律知识,雄辩的口才、敏捷的思维,捕捉每一个有利于被告人的情节,并及时向法庭提出。此时被告人在法庭上如果没有律师的辩护他将是一个十分孤独和被动。尽管法庭允许被告人自由陈述,但多数被告人不能,也不敢放开为自己辩护,害怕最终辩护不成反而落个态度不好,不愿接受法律制裁的结局。而律师则没有这样的顾虑,他在法庭上将自由发表自己的意见。被告人不能或者不敢说的话,律师完全可以代替他说出来,从而避免被告人因为害怕落个态度不好所带来的不利影响。作为被告人的辩护人,律师将永远坚定地站在被告人的一边。

刑事辩护业务,是我国传统的律师业务,是最能体现律师特色的业务,是造就名律师的业务,同时也是充满风险和挑战的业务。《刑事诉讼法》就是刑事律师从事刑事辩护的游戏规则,在同样规则下,大律师能做到游刃有余,用到极限,取得理想的结果。在刑事诉讼过程中,充满着智慧和领悟。面对刑事辩护业务中的风险挑战和机遇,我们不应报怨退缩,而是要积极面对,战胜风险迎接挑战。法庭审理后,人民法院根据已经查明的事实、证据和有关的法律规定,分别作出以下判决:

(一)案件事实清楚,证据确实、充分,依据法律认定被告人有罪的,应当作出有罪判决;

（二）依据法律认定被告人无罪的，应当作出无罪判决；

（三）证据不足，不能认定被告人有罪的，应当作出证据不足、指控的犯罪不能成立的无罪判决。

被告人、自诉人和他们的法定代理人，不服地方各级人民法院第一审的判决、裁定，有权用书状或者口头向上一级人民法院上诉。被告人的辩护人和近亲属，经被告人同意，可以提出上诉。不服判决的上诉和抗诉的期限为十日。

第二审人民法院对上诉案件，应当组成合议庭，开庭审理。合议庭经过阅卷，讯问被告人、听取其他当事人、辩护人、诉讼代理人的意见，对事实清楚的，可以不开庭审理。

第二审人民法院对不服第一审判决的上诉、抗诉案件，经过审理后，应当按照下列情形分别处理：

（一）原判决认定事实和适用法律正确、量刑适当的，应当裁定驳回上诉或者抗诉，维持原判；

（二）原判决认定事实没有错误，但适用法律有错误，或者量刑不当的，应当改判；

（三）原判决事实不清楚或者证据不足的，可以在查清事实后改判；也可以裁定撤销原判，发回原审人民法院重新审判。

第二审的判决、裁定和最高人民法院的判决、裁定，都是终审的判决、裁定。

综合来看，聘请律师应当在侦查阶段，其好处是显而易见的，这能让律师协助当事人起到以下作用。

1.心理医生。当事人被采取强制措施后，往往很紧张，此时见到家人聘请的律师心里有安全感,律师的作用就好比心理医生。

2.了解案情,给当事人法律帮助。

3.对侦查工作的合法介入。根据相关规定,办案民警不能刑讯逼供,否则律师可以代为控告办案人员的刑讯逼供行为。律师的介入无形中变成了对办案人员的一种监督。

4.提前保存证据。如果当事人是被冤枉的,则在会见律师时就可告诉律师真相,同时请律师提前保存一些证据,防止证据过一段时间后灭失。

5.帮助家属办理取保候审工作。当事人被采取强制措施后,家属请律师时,要尽量向律师提供准确的信息,包括:

(1)被采取强制措施的当事人姓名、基本身份。

(2)当事人被哪个公安机关采取的强制措施? 被关在什么地方?

(3)因为什么案由被拘留或逮捕,涉嫌的罪名,事实要介绍得尽量具体一些。

(4)当事人是被行政拘留还是被刑事拘留,这两种拘留有很大不同,行政拘留不构成犯罪,最长 15 天就能被放出,刑事拘留可能构成了犯罪,要面临被公诉。

(5)如果可能,了解一下办案民警,这样有利于律师尽快与办案人取得联系,以便尽快申请会见当事人。

在普通老百姓的心中,法官是生死判官,法官才是掌握案件审判尺度的决定者和实施者。殊不知,我国的刑事审判制度已从原来的纠问式审判转变为控辩式审判,法官不再充当审讯者的角色,而是充当裁判的角色,这一制度的改变,也就决定了律师的戏份在未来的刑事审判中会越来越重。

7.民事案件如何聘请律师

案例：

大年三十晚上，外出经商的郭某准备回家过春节，在公路上等候汽车，因当天刚下过大雪，公路上车辆稀少。郭某等候多时，才拦到一辆个体出租车，但该车已挂出"停止营业"的标志，司机赵某准备回家休息。郭某说明自己要赶火车回家，再三恳求赵某送至火车站。赵某提出"路面太滑，如发生意外本人概不负责，并且加倍收费"。郭某急于赶车，表示同意。当车行至一转弯处时，由于路面太滑，赵某又采取紧急措施不当，该车撞伤路边行人宋某后又撞到电线杆上，并将乘车的郭某撞成重伤，车也被撞坏。郭某和宋某都被随后赶来的 120 送往医院抢救。郭某要求司机赵某赔偿，宋某也要求赵某赔偿其损害。赵某称他事先与郭某有约定，本人对此事故不负责任，损坏的车辆及对宋某的损害应由郭某一人负责。双方争执不下，起诉到法院。

专家支招：

民事法律纠纷是我们会遇到最常见的法律纠纷，相对于经济案件、刑事案件来说，民事法律纠纷相对简单些。但对当事人来说，这中间产生的误解也最多，因为当事人在对法律本身了解不足的情况下，往往对自己所面对的既定事实缺乏法律上的认知和见解，往往以常识来评判法律事件,往往会造成不必要的误解。所以,一旦发生民事法律纠纷时,建议当事人尽早聘请律师介入,以维护自身权利和利益,避免不必要的经济损失,以免事后后悔。

律师是熟悉法律、能为社会提供法律服务、被国家认可并受当事人委托或法院的指定,协助当事人进行诉讼或者处理其他法律事务的专业人员。律师多具备法律专业知识,同时还具有一定诉讼实践经验和社会工作经历。委托律师代为诉讼,除了律师比当事人精通法律外,还可为当事人节省时间和精力。

在准备民事诉讼之前,如果准备聘请律师或其他人为当事人的诉讼代理,那么就需要当事人自己先对案件的诉讼风险进行评测,如是否在诉讼时效范围内、证据是否合法充分、对方是否具有偿还债务的能力,是否需要采取财产保全措施等。当事人聘请律师,要前往某一个律师事务所商谈聘请律师事宜。在洽谈过程中,当事人应向接待人员说明来历和目的,接待人员或律师事务所主任可以向当事人介绍一个擅长办理来访当事人涉讼方面案件的律师与其单独会谈。也可以由当事人指定某一律师,在经过律师事务所主任的同意后与其进行会谈。在会谈时,当事人应如实告诉律师有关纠纷的全部情况。律师对当事人的陈述要耐心听取,并注意事实与证据之间的内在联系、行为与后果之间的因果关系。同时要注意及时发现矛盾,当即提出问题,以便对事件的情节了解得更清楚、更具体、更细致,这样才能使以后提出的理由和根据更充分和可靠。听完了当事人对纠纷的叙述后,律师会对当事人委托的事项进行初步的审查,决定是否接受委托。律师接受委托后,无正当理由的,不得拒绝辩护或者代理。但如果委托事项违法,委托人利用律师提供的服务从事违法活动或者委托人向律师隐瞒事实的,律师就有权拒绝辩护或者代理。在接受当事人的委托后,律师将就本案件着手进行准备。

作为委托人,当事人应当对律师进行考察,主要要注重以下这几点。第一,要找认真负责的律师。聘请有专业知识、有多年从业经验的律师是首选。如何找到认真负责的律师? 在第一次与律师谈话时,要好好观察律师是怎样了解案件情况和证据资料的。这是律师第一次接触当事人的案件,他必须全面了解把握案情。当事人可以从律师的提问中,体会律师是否已经对案情全部了解? 是否抓住了问题的关键? 第二,要如实告知律师案情。当和律师谈论案件时,千万不要凭借自己的知识水平和爱好来随意判断诉讼资料的取舍,就算是那些你不想让对方知道的隐私,也应当全部如实告知,并将所有证据交由律师选择。让律师来判断资料的重要性及如何取舍使用。如果当事人隐瞒了可能对自己不利的资料,如果对方掌握了这些资料将会在法庭上使当事人处于不利的状况,而那时委托律师也可能因为没有必要的准备而处于被动,到头来遭受损失的还是当事人自己。如果当事人及时向律师告知自己对案情的不利之处,或许律师还能够采取一些弥补措施,最大限度地保护当事人的正当合法权益。第三,要正确办理聘请律师的手续。委托律师代为诉讼时,首先必须与该律师所在的律师事务所签订委托协议,然后向法院提交由劳动者或用人单位法定代表人签名或者盖章的授权委托书。要了解所聘请的“律师”是律师还是法律工作者,如果是法律工作者,则其代理权利会受到限制,例如不能代理刑事案件。另外要注意的是,在授权委托书中必须记明委托事项和权限。 第四,切记不要乱交

"代理费用"。律师收费是有统一收费标准的,可以要求律师出示律师事务所的收费标准。如果律师在讨论完案件后,很快拿出合同不加解释地让马上签订,或者声称"如果你马上签订合同可以减免收费"等,这种情况就要注意了。还有一些"律师"会以各种借口多收费,如有的律师会向多收两倍或三倍的费用。为了避免这种情况的出现,就要按法律规定来办理手续,缴纳费用。同时要相信法律、相信人民法院,只要是自己的正当权利,法律就一定能够给出一个公正的判决。

当然聘请律师也是双方的,律师也会对当事人进行判断,这也是为了更好地为当事人服务。其可能涉及的内容包括但不限于以下这些。

1. 委托人是否是民事案件的当事人,是否具有明确的被告人、具体的诉讼请求;所委托的民事纠纷案件是否属于人民法院受理范围和受人民法院管辖;是否属于依法在一定期限内不得起诉的案件。2. 审查委托人所提出的诉讼请求有无事实根据和证据材料,是否真实可信。3. 审查当事人的诉讼请求是否合法。4. 审查当事人的诉讼请求是否超过诉讼时效。通过审查,律师或律师事务所同意接受委托担任代理人的,表明委托人是本案的当事人,或者是当事人的法定代理人或法定代表人;委托人的委托请求事项合法可行;委托人所提供的情况和证据基本真实可靠。如果委托人不是当事人并且无权代当事人前来聘请律师,律师会告知来人无法接受委托,应由当事人亲自办理聘用手续,因为聘用合同上签名盖章者必须是当事人或当事人的代理人。如果委托事项不清楚甚至违法或不属于律师事务所受理范围,律师则可以婉言谢绝委托人。如果委托人所提供情况表明无法起诉,不符合起诉条件(如没有证据)或作为被告的委托人证据不足或必然败诉,律师也会告诉委托人自己的观点,由委托人自己决定是否仍办聘请手续。

律师和委托人谈妥之后,双方同意办理聘请手续的,律师事务所将交给委托人一份聘请律师合同、一份委托书。聘请律师合同是律师事务所与委托人签订的一份合同,该合同主要内容是:委托人因×××案聘请×××律师事务所的律师出庭代理,并协商一致达成以下各条共同遵守:(1)委托律师事务所×××律师代理×××诉×××案中原告(被告)的第一审(第二审)代理人。(2)代理权限(具体写明是一般代理还是全权代理,全权代理要具体列出代理范围)。(3)律师方保证条款,即负责保护委托人合法权益,按时出庭。(4)委托方保证条款,即真实叙述案情,提供证据,律师发现委托人有捏造事实、弄虚作假,有权中止代理,依约所收费用不予退还。(5)委托人应支付费用数额。(6)变更条款的条件。(7)聘用合同有效期限。该聘用合同由律师事务所盖章和委托人盖章,一式两份,一份存事务所,一份交当事人(委托人)。

聘用合同签订后,再签委托书。委托书是委托人(当事人)和律师事务所共同具名要递交受诉人民法院的一份函,其内容是"兹委托×××事务所×××律师在×××诉×××一案中担任原告(被告)×××的代理人,并希于开庭审理前通知代理人,以便出庭。代理权限:×××。此致×××人民法院。"委托书也一式两份,一份存律师事务所,一份送交受诉人民法院。聘请律师合同是当事人与律师建立代理关系的依据,委托书是律师出庭代理诉讼的凭据。办完手续以后,律师事务所还要出一份致受诉人民法院的函件,以事务所的名义通知法院×××为×××案代理人,希于开庭前通知代理人。因为我国没有私人律师,律师办案皆要通过律师事务所办理,否则代理无效。最后委托人还应根据我国司法部以及律师事务所所在地的地方司法规定的收费标准向律师事务所缴付律师业务费(律师本人不自收费),然后,律师事务所向委托人出具由省、市司法机关印制,并盖有财政局监制章的专用收据。

聘请律师手续一旦结束,律师的代理权才能成立,律师才可根据聘请律师合同和授权委托书参加当事人的诉讼活动。在法律规定的特殊情况下,没有授权委托书,诉讼代理权也能成立。例如,按照我国参加的《维也纳领事关系公约》的规定,外国驻华领事馆官员(包括经我国外交部确认的外国驻华使馆的官员同时享有领事衔者),在其本国公民作为民事案件的当事人时,该当事人不在我国领域内或有其他原因不能按时到我国法院的情况下,可以在没有授权委托的情况下,直接担任其诉讼代理人。在通常情况下,授权委托书无须证明,而侨居在国外的中华人民共和国公民从国外寄交和托交的授权委托书,必须经中华人民共和国驻该国的使领馆证明;没有使领馆的,由与中华人民共和国有外交关系的第三国驻该国的使领馆证明,再转由中华人民共和国驻该第三国使领馆证明,或者由当地的爱国华侨团体证明。不在中华人民共和国领域内居住的外国人(包括无国籍人)寄给我国律师的授权委托书,须经所在国公证机关证明,并经我国驻该国使领馆认证,方可具有法律效力,,民事诉讼代理不能成立。如果当事人本人不出庭参加诉讼或者其本人不在国内无法出庭诉讼,可以特别授权方式委托律师进行诉讼。具体方法是:当事人可以在聘请律师合同和委托书的代理权限一栏内写明:"代为承认、放弃、变更诉讼请求,进行和解,提起反诉或上诉。"仅写全权代理的,视为一般代理,即出庭诉讼。当然特别代理的内容也由当事人自愿选择,不一定要全部授权。民事纠纷既简单又复杂,在聘请律师的时候,除了以上几点,更需要自己对基本纠纷事实要保持理性。

8.知识产权案件如何聘请律师

案例：

某市华诚机械有限公司（下文简称"华诚"）是某某省一家知名企业，一天，"华诚"突然收到从广州发来的一份图文并茂的律师函，说他们公司生产的"塔吊"（机械产品）侵犯了广州一公司的专利权，"华诚"纳闷了，自己生产多年的主打产品怎么侵犯他人专利权了？不久，"华诚"被告专利法侵权，一同成为被告的还有省内其他几家生产相同产品的企业。案子开庭，同为被告的另几家企业特地从外地赶来杭州，业内的专家也都来旁听。广州公司来势之猛并非虚张声势，他们手持两张王牌：1.一张含金量很高的发明专利，经过国家知识产权局的无效程序，及北京一中院和北京高院的两审行政审程序，成功地维持该专利的有效性。2.数十份广东省知识产权局的专利侵权的裁定书和广东省高院的判决书，认定数十家企业的侵权行为。这意味着这家企业已经在广东省内成功完成专利清剿，现挥师江南，这阵式很快吓坏了一些企业，他们马上签署了《专利实施许可协议》。面对来势汹汹的原告，"华诚"决定出庭应诉，企业存亡在此一搏。代理律师顶着压力，翻阅大量材料，结合相关的知识产权法律，通过双方技术特种相比对后发现，两者并非"使用基本相同的手段，得到基本相同的功能，达到基本相同的效果"，对比技术与专利技术特征既不相同、也不等同,华诚公司根本就不构成专利侵权。经过两审辩论苦战、据理力争,"华诚"终于艰难完胜。

专家支招:

知识产权诉讼是极为专业性的诉讼案件,专业技术问题与法律交集,专业技术问题是前提,没有一定的理工基础做支撑,很难理解和把握涉案知识产权技术问题,并不是所有执业律师都能够胜任。当遇到知识产权诉讼案件时, 在万千律师中能否选择专业律师将在很大程度上决定案件的成与败。

如何聘请知识产权律师呢。一是律师是否熟知知识产权诉讼案件程序。如代理被告的某专利诉讼案件,该案的委托人起先委托了律师甲,因甲接受代理后案件无实质性的应诉措施,委托人遂与甲解除委托找到律师乙。当律师乙介入案件后,发现涉案的某专利的权利要求不具有新颖性,律师甲并未在答辩期内就对方实用新型专利提出宣告专利无效审查的申请。根据最高人民法院相关司法解释,实用新型及外观设计案件未经实质审查而授权,其权利状态不稳定,在答辩期内向专利复审委提起宣告专利无效申请请求, 受理法院无特殊原因定通常决定中止案件的审理。由于该期限内未主张该权利, 法院在后面的审理程序中,因案件审结率的压力,作出了对被告不利的判决。如果善于运用、分析专利检索,就会发现该涉案专利的权利状态不稳定。

二是律师是否具备基本专利检索的能力。因目前我国在知识产权,例如实用新型及外观设计专利采用的是初步审查制度,实务中此类专利授权率几乎可以达到100%。这种制度下会产生很多垃圾专利,而很多专利权人故意滥用专利,向所谓的专利侵权人提起诉讼。若被告遇到此类诉讼,律师须懂得如何利用专利数据库进行基本的专利检索知识,这其中包括专利法律状态检索、专利性检索等。尤其是专利性检索,针对涉案专利的权利要求,对其专利的创造性、新颖性进行初步检索,若存在破坏专利性的对比文件,应形成专利检索报告提交给受理法院,说服法院决定中止诉讼,为申请专利无效提供充裕时间。

三是律师是否会利用国家知识产权局网站检索相关信息。在某一宗专利诉讼案件中,作为被告的委托人丙,通过国家知识产权局网站的相关信息检索发现,原告在起诉前已就涉案专利作出专利权评价报告,而该报告在整个案件中,原告并未作为证据进行提交。发现此信息后,丙有理由相信该评价报告应不利于原告,故及时与受理法院沟通,要求对方提交此证据,否则根据《证据规则》的相关规定,法院应作出对其不利的事实判断。后原告仍拒绝提交此专利评价报告,有幸的是,公知技术抗辩方面,法院对于证据的认定作出对被告方极为有利的事实认定。

四是律师是否承办过相关的涉及知识产权的案件。如前例所举,在专利诉讼案件中,尤其是实用新型与外观设计类案件,经常会遇到被告提起宣告专利无效申请,该申请是案中案,其受理单位为国家知识产权局专利复审委员会。在无效程序中,若对方提出不利证据,那么作为权利人是否有能力进行专利权利要求书的修改(合并、删除等),而这是非常专业的技术问题,代理案件的律师是否具备该专业能力。对此权利人更多会另行聘请专利代理人代理宣告专利无效审查的案件。若是熟谙专利技术的律师代理专利诉讼,无论是从案件的衔接性,还是从诉讼成本角度考量,另行聘请的专利代理人方案非为最优选择。

五是一些其他的专业性要求。比如在涉及知识产权的某专利诉讼中,作为专利权利人的原告,一般情形下会在起诉前向国家知识产权局申请专利评价报告,若报告结果为专利不具有专利性时,是不是这个案件就无法进行下去呢。首先,专利评价报告非为行政机关的生效法律文书,其仅能作为案件审判参考;其次,专利评价报告的结果有时不一定具有规范性,很多专利评价报告都带有一定的倾向性,对比文件的选择正确与否很大程度上决定了一个案件的专利稳定性。律师行业越来越趋于专业化,这是市场专业化使然,收入年逾几百万的证券律师未必就是适合案件的最佳律师。

9.交通事故如何聘请律师

案例:

　　某日,汪某驾驶汽车沿市昭阳路正常行驶,鲁某为抢绿灯横穿马路,其左前侧直行道上停靠的一辆洒水车正准备启动。由于洒水车较大,鲁某未看见洒水车右后侧汪某所驾驶的汽车,汪某也未看见鲁某。鲁某跑过洒水车后,汪某的汽车正好开过来,鲁某一头撞在汽车的左侧后视镜上,由于反作用力摔倒在地,而此时恰好洒水车经过,当场将鲁某轧死。汪某见被害人被洒水车碾轧在车轮下,遂驾车逃离现场。交警部门认为汪某在发生交通事故后逃逸,遂认定其负事故主要责任,构成交通肇事罪。

专家支招：

发生交通事故后，无论对肇事者还是被害人来说，都是悲剧。但对双方来说，事故发生后，不能仅仅用感情代替理性，特别是事关到赔偿问题。而赔偿本质上还是涉及到事故责任的认定，对于责任的认定双方往往是各执一词，很难说清楚。除此之外，还往往涉及到保险公司的保险赔偿问题。针对这么复杂的问题，聘请一名律师，往往可以起到事半功倍的效果。但如何聘请专业的律师来解决事故纠纷，也是非常专业的问题。

在发生交通事故后，每个人对待交通事故的态度首先是不一样的。有的人会自认倒霉，有的受害者能获得一点赔偿就了事，不知道自己到底有多少权益，有人还会错过诉讼时效，留下后遗症终身痛苦；有的肇事者却成了他人的自动提款机，由于企图隐瞒事故，遭受他人的不断勒索，一起简单的交通事故拖了数年未能解决。交通事故赔偿中涉及的法律很多，如何正确有效地把握证据，如何合理地确定赔偿项目和诉讼标的，如何快速地解决争议，不仅业务知识要全面，实践经验要丰富，而且要心理成熟，临乱不惊，具备良好的心理素质，能准确把握对方当事人的心态。交通事故赔偿中约有15个赔偿项目，每个赔偿项目在什么情况下适用，用什么样的证据形式来证明，如何作出有利于我方当事人的答辩等。这些都要求首先要找到一位优秀的辩护律师。

优秀的辩护律师应该如何认定呢？首先，要看专业。交通事故律师要对交通事故人身损害法律法规能熟练掌握，对于交通事故中存在的法律关系能够准确地分析，了解最新的赔偿标准，不遗漏任何一个法律上规定的赔偿项目。其次，要看经验。交通事故案件代理的多了，实践经验就会丰富，代理案件时就会轻车熟路，容易抓住案件争议焦点，处理事情事半功倍,能较为有效、及时、全面地处理当事人委托的事务。一般而言,一个执业三年以上、代理数十起以上交通事故诉讼案件的律师是起点的要求。再次,要看委托律师的心理素质。理性的律师往往着眼于解决问题本身,而不是代表当事人出庭吵架。一个情绪容易激动的律师,是不能充分把握好案件的进程及得到最佳的结果。当然,律师的态度也是非常重要的,律师是否对你的案件感兴趣,是否能为你的案件付出精力。当然并不是说投入的时间越多越好,而是要做到该收集的证据去收集,该出具的法律文书要出具,从程序上和实体上维护当事人的利益。"态度决定一切",律师态度"认真"与否,至关重要。

聘请律师时,还有一些是需要注意的。律师在实践中曾经遇到一些案件,事故是数年前发生的,起诉的时候,律师还是按照数年前的数据来主张相关赔偿项目,无端地就少算了几万元。而这样的低级错误,法官居于中立的地位,是不会主动提醒的。根据所主张的赔偿项目和标准,收集整理对应的证据和法律依据。确定了赔偿项目,还必须有相应的证据予以证明,而且证据的要求要符合法律的规定。在确定所聘请的律师的基本素质后,就需要去律师事务所寻找符合自己要求的律师来作为自己的代理人,帮助自己处理交通事故。

在聘请律师时,一定要对其所在的律师事务所进行详细的了解。律师事务所是律师的执业机构,请律师要到律师事务所,以便了解一下律师所在的执业机构。因为《律师法》有规定,律师违法执业或者因过错给当事人造成损失的,由其所在的律师事务所承担赔偿责任。
在确定律师后,还要与其签订相关的法律服务协议,以保障当事人的权利。聘请律师要签订书面协议,将双方的权利义务关系约定明确,特别是对聘请律师费用更不要马虎,一定要言明打赢了官司和打输了官司各是多少钱,一审费用和二审费用又分别是多少,都要在协议上写得清清楚楚,并在付款时要求出具收据。

聘请律师时,一定要对律师的授权范围进行明确,一是为了保护当事人的权益,二是能更好地让律师同当事人进行沟通。有的当事人在聘请律师时,虽也填写了委托书,但不明确授权范围。认为只要付钱给律师,一切都由律师来处理。因此,有的当事人根本不出庭,不了解案件进展,对案件的处理结果也不清楚。孰不知,由于授权不明产生的法律后果,授权人是要承担责任的。无论对于受害者还是肇事者,发生交通事故往往是由于意外造成,并不可怕,可怕的是不会用法律途径来保护自己。对于交通事故律师而言,能够迅速合理合法地处理好交通事故赔偿事宜,无论对受害方还是肇事方来说,都是至关重要的。因此,花钱请律师还是"值得"的。交通事故较之其他的法律纠纷,又有其本身的特殊性。在聘请律师后,应当要求律师协助寻找人证物证,并在律师的协助下,在接受民警询问时,一定要尽可能多地提供事故发生时的细节。因此,交通事故案件应该尽早聘请律师介入,有必要保障当事人的各项权利和利益。

10.小微企业如何聘请律师

案例:

某民营企业主张生因资金短缺,急需流动资金,向"放贷人"李生借款 1700 万元,为期 3 个月。同时为保证还款,张生还与李生签订了一份抵押合同,将其价值 5000 多万元的商铺抵押给李生,并公证委托李生的朋友姚生可以对涉案商铺进行处分、过户等。借款期满,由于张生未能清还借款,李生就以抵押合同提起仲裁,直接要求将该商铺过户到其名下,结果姚生出庭并与李生达成以物抵债的调解协议。在准备签订调解书之际,张生获知情况及时向仲裁庭反映,本案纠纷实为"高利贷",由于借款利率高昂,短短的半年借款期,借款利息就已达 3000 万元。最后,该案在仲裁庭的严密审查中查实了真相,避免"高利贷"借贷人借仲裁之名谋取非法利益。

专家支招:

对任何企业而言,都需要律师来作为法律顾问,既是解决企业所遇法律纠纷的需要,更是出于防患于未然的考虑。但对于很多小微企业,一是企业主对可能发生的将来的法律风险的意识不够,二是很多企业资金规划有限,部分企业主舍不得花这个钱。其实对很多小微企业来说,这个钱是十分有必要的,一家企业在发展的过程中,总是需要同外部的客户群体发生关系,而对小微企业来说,企业主的精力和能力都有限,如何把有限的精力发挥最大,避免不必要的麻烦来分散自己的时间和精力呢。防患于未然就是最好的措施,即小微企业要聘请律师作为自己的法律顾问。

小微企业为什么需要聘请律师作为法律顾问,以及如何聘请律师作为法律顾问。首先,聘请一名律师专职或者兼职作自己的私人法律顾问是十分有必要的。创业的过程中,会遇到很多法律问题,例如公司的注册,特殊行业的法律对其特殊的规范。非律师出身的人对这些会相当困惑,如果自己去解决,费时费力,对于初创企业来说,时间是最宝贵的,时间就是金钱。而且即便是自己去处理,往往由于自身的处理不当,或效果不好,或选择错误,以致产生了不可挽回的损失与潜在的问题。因此,很有必要在问题还没产生之前聘请律师解决这一切。律师同工程师、教师、会计师等专业人员一样,在社会上发挥着越来越重要的作用,已经成为社会生活中不可缺少的一部分。律师的职责是:接受聘请或委托,用自己的专业知识,帮助国家机关、企业事业单位、社会团体、当事人处理有关法律事务或参加诉讼,以维护法律的正确实施,维护国家、集体的利益和公民的合法权益。在这里,需要重新认识律师:其一,律师的作用并不仅仅是打官司,用好律师可以让你少打官司甚至不打官司,事先的规范和防范的重要性不言而喻;其二,律师不应当是万金油,什么案子都能做,不是大商场里承包柜台的个体户,拎着皮包满天飞,律师应当是讲究专业分工和团队合作,只有聘请有专业分工的律师才能获得物有所值的法律服务。

其次,为什么要聘请律师为法律顾问?聘请律师担任法律顾问,是企业聘请律师的主要方式之一。企业聘请律师担任法律顾问,是在企业和律师之间建立了一种长期、稳定、密切的服务关系,其主要原因是律师的专业性是任何其他法律从业者无可替代。面对诉讼中的法律问题,诉讼技巧会在很大程度上决定着法律定位。这必然导致专业化的实践过程已经不是一个广泛的理论概念,而是一个很现实的功利选择,而律师恰恰是这个"功利"的始作俑者(也是牺牲品)。这样一来,从某种角度来说,律师作用对于正处于纠纷中的企业就显而易见了。

对于一个企业来说,最大的目的是合法地谋取最大利润,而利润的首要构成就是交易、诉讼风险的避免。与其说企业运作中,法律是抽象的,倒不如说是最具体的先锋,因为任何一个交易行为本身就是一个最实际的法律问题,而这个法律问题就很实际地让企业把一半风险悬在其不能控制的位置。最好的解决方法就是在还没产生风险之前,让专业律师把这个风险进行合理转化,使得企业最终避免了或最大限度地减少了这个风险。从经济学上说,这个风险的避免所产生的最直接后果就是企业的合理利润。而这部分相对于律师费来说,何其是数倍。经过风险的预算,必然会相应地降低交易成本与潜在的(可能超出100%)的风险,往往,这笔支出会大大超出原有的生产成本。律师可以明确地给企业带来合法的利润,取消了风险,也许是潜在的,也许是将来的,但却能给企业一个永久的心安。一个企业的任何一部分利润都是诸多成本背后的收益,生产成本之所以可靠,是因为其老实存在,风险度很低;机会成本的危险与随机性,是因为其随时都有可能引发一场战争。

为什么不把可以熄灭战争的主力——"律师"放到现代企业运作中的主力平台呢。让律师为企业效力,让律师为企业谋平安。主要好处是:(1)有利于企业随时得到法律服务(包括合同管理、公章使用、劳动关系、各类协议的草签与认证);(2)有利于律师更全面地了解企业的情况,使其提供的法律服务更具针对性和准确性;(3)经过长期合作,使双方更加适应对方的工作方式和工作特点,便于在工作中更好地相互配合;(4)长期、稳定、密切的服务关系能够激发律师更强的责任心,为企业提供更优质的法律服务。

委托人与法律顾问之间是一种平等的、合作式的工作关系。双方的目的是一致的,即利益最大化与合法化。律师在办理法律事务的过程中,应当及时、主动地与委托人联系,及时向委托人报告有关法律事务办理的进展情况及已经发生和可能发生的各种问题。对于那些非常规性的问题,应当征求委托人的意见;对于影响委托人切身利益的重大问题,应当在向委托人阐明利弊得失后由委托人自行决定。同时,一个好的法律顾问还应该是企业经验运作的高级参谋。一个懂法律的人不能说就不懂经营,人的才能是很多面化的,往往在生存的压力下放弃了其他方面,只有在宽松的生存环境里和适当的利益驱使下,相信律师更能做别人要做的事情。所以,只要企业能给律师足够的生存保障,并加以合理利用。委托人也应当对律师的工作给予必要的、积极的配合,主要包括:向律师陈述全面、真实的情况,及时提供相应的文件资料,按照律师服务合同的约定向律师提供办案费用和便利条件,等等。有一点已经证明了,就是在同等状态下,价值与劳动力是相对成正比的。想着以低价格购进的律师能产生高能量,可能性不大,律师有这个能量也不太会愿意释放的。这个道理与企业能够赢利与其本身付出的代价一样,在市场经济条件下,两者不可妥协。这个道理在任何产业结构里都是相通的。

哪些情况需要聘请律师?其一,从事一般的民商事活动,主要指公民、法人依法处分自己的人身权、财产权等民事权利。如:权利的取得、转让、交易、许可使用,合同的订立、履行,商务谈判,等等。这种情况下聘请律师,是为了防范法律纠纷,一方面可以尽可能地避免、减少纠纷,另一方面确保在纠纷发生时使自己处于最有利的法律地位。在公司上市、股票发行等特定法律事务中,法律法规要求由律师和律师事务所介入,也正是出于这种"防患于未然"的考虑。其二,处理已经发生的纠纷。

纠纷的发生是矛盾激化的结果，解决纠纷需要具备相应的法律专业知识和处理纠纷的丰富经验，在充分了解利弊、权衡得失的基础上才能确定恰当的解决方案和解决途径。这种情况下聘请律师，是为了最大限度地争取利益、减少损失，更好地维护自身的合法权益。因为律师总是能够在风险预知范围里开辟出一条捷径来。防范纠纷和解决纠纷的重要性是相承的，并不是说防范了就没有了纠纷，至少在产生纠纷后也不至于使自己处于被动。但是，事实证明，防范纠纷往往可以取得事半功倍的效果。

在确定需要聘请律师作为法律顾问时，应当注意哪些情况呢，还要履行哪些合约呢？企业聘请法律顾问，必须要与律师所在的律师事务所签订律师服务合同，并根据律师服务合同的约定向律师事务所支付律师费，并由律师事务所出具税务发票；同时根据律师服务合同的约定，向律师出具办理法律事务必需的授权委托书。一般小微企业聘请律师作为企业的法律顾问的合同范本如下，具体企业可以在参考的基础上加以修改。

聘请人（甲方）：

地址：

电话：

联系人：

受聘人（乙方）：某某律师事务所

地址：某某市某某区某某大厦 A 座 14 层

电话：

联系人：某某律师

甲方因管理及业务需要，聘请乙方律师担任甲方单位企业法律顾问，现就提供法律服务等有关事项达成一致，订立本合同，以便双方共同遵守。

一、聘请企业法律顾问的服务范围

甲方聘请乙方律师为企业法律顾问，在下列八个方面为甲方提供经常性法律帮助：

1.就甲方经营、管理方面的重大决策提供法律意见。或应甲方要求，从法律上对决策事项进行论证、提供法律依据。

2.应甲方要求，草拟、修改、审核甲方在对外联系及经济活动中的合同、协议、章程。如甲方提交乙方的系外文资料，需附有中文译本。

3.应甲方要求，草拟、修改、审核甲方在经营、管理活动中的合同、协议、章程及其他有关法律事务的各类文书。

4.应甲方邀请，参与甲方重大经济或技术合同的谈判。

5.参与处理甲方尚未形成诉讼或仲裁的民事、经济、行政争议或其他重大纠纷。并代理民事、经济、行政诉讼、听证或仲裁案件。

6.应甲方要求，为甲方提供经营等活动有关的法律政策信息并提供法律建议。

7.应甲方邀请，每年可以为员工进行法制宣传教育和法律知识培训一至二次，具体时间双方另行协商。

8.办理甲方交办的其他相关非诉讼法律业务。

二、承办律师

1.乙方接受甲方的聘请要求，指派律师担任甲方的企业法律顾问（以下简称"律师"）。

2.乙方所指派的律师应严格遵守《律师法》及《律师职业道德及执业纪律》相关规定,积极为甲方提供法律服务,依法维护甲方的合法权益。如甲方遇有紧急事务乙方指派律师又因故无法及时办理时,乙方应另行指派其他律师及助理人员及时处理以确保甲方利益。

三、利益冲突

乙方应将已经或正在或可能存在的为与甲方有利益冲突的当事人提供法律服务的情况如实告知甲方。在发生利益冲突的情况下,甲方同意乙方代理,应出具豁免函;甲方不同意乙方代理的,乙方应作出回避的安排。

四、聘请企业法律顾问的年限

1.双方商定乙方为甲方提供企业法律顾问服务的期限为　　年,　　年　　月　　日至　　年　　月　　日止。

2.合同期满后,若甲方没有书面通知乙方终止,则本合同自动延长(续聘)1年。

五、聘请企业法律顾问费及案件代理费

1.甲方向乙方支付基本企业法律顾问费全年为人民币　　　　元。

2.上述企业法律顾问费甲方应于本合同生效之日起十日内一次性汇款至乙方银行账户。

3.乙方代理甲方参与仲裁、诉讼(包括诉讼中调解、案外和解)、行政复议、听证以及办理重大的非诉讼法律事务(包括:公司股份制改组;股票境内外上市;公司设立、重组、转让、收购、兼并或清算;专利的申请、转让、许可等),按《深圳市律师服务收费管理暂行规定》的收费标准80%优惠向甲方收取,特殊情况双方另行协商。除本条款约定的收费项目外,律师提供的其他服务已经以基本企业法律顾问费形式收费,乙方不再另行向甲方收费。

六、甲方的义务

1.与乙方诚信合作,为乙方律师开展工作提供方便,向乙方律师如实提供法律服务有关的情况和资料。

2.如有关的情况和事实发生变化,应及时告知乙方律师。

3.如变更联系信息,应当及时通知乙方和律师。

4.按照约定支付企业法律顾问费和其他费用。

5.向乙方律师提出的要求不应与法律以及律师职业道德和执业纪律的规定相冲突。

七、乙方的义务

1.乙方律师必须遵守职业道德和执业纪律。

2.乙方律师应当勤勉尽职,及时有效履行本合同确定的工作职责。

3.乙方律师无权超越甲方授权行事。如果确有需要,应当由甲方另行给予明确的授权。

4.乙方律师变更联系信息的,应当及时通知甲方。

5.乙方律师对甲方负有保密义务。

八、聘请企业法律顾问的工作方式

1.企业法律顾问采取不定期上门的服务方式办理法律事务。

2.甲方遇有急办的法律事务,可以随时电话或传真与乙方律师联系,乙方应当及时予以办理。

九、争议的解决

1.双方之间发生争议的,应当进行协商,如果协商不成,甲方应先向某某市律师协会或乙方主管司法行政部门投诉，由律师协会或主管司法行政部门进行调解。

2.双方同意，就本合同签订、履行而发生的任何争议，在无法通过协商和调解方式解决的情况下，任何一方均可向乙方所在地人民法院提起诉讼。

十、聘请企业法律顾问合同生效条件

1.本合同在双方签字盖章后生效。

2.本合同一式贰份，双方各执壹份，具有同等法律效力。

11.涉外离婚案件如何聘请律师

案例：

原告：王某，男，原系某县医院主治医师，已退休，住某县某医院家属区26栋92号。

被告：陈某，女，原任某县医院副院长，现在美国俄亥俄州医科大学攻读医学博士，住美国俄亥俄州哥伦布市43219圣玛丽院。

王某与陈某于1980年4月自愿登记结婚，婚后生育二女一子，现均已长大成人。2004年开始，双方因家庭矛盾而将经济分开，夫妻感情逐渐淡漠。2005年，陈某由某县医院调往某县中医院工作后，便很少回家。2008年9月，陈某赴美国探亲，在此期间，双方通讯逐渐减少，之后中断联系。原告王某及有关部门曾多次劝被告陈某早日回家团聚,但陈某置之不理。为此,原告王某以夫妻感情已经破裂为理由,向某县人民法院起诉,要求与被告陈某离婚。

专家支招:

离婚案件本就是可大可小的法律事件,抛开法律来谈人情,原本是一对亲密无间的人,却要面对难堪的分离。就法律上来说,既然缘分已尽,不如理智地做下来和平地分手,好聚好散。但人一旦走到这一步,其实很难做到好聚好散,法庭上碰面本来就是在所难免的。随着我国同国外交往越发密切,以及本国居民出国的人越来越多,不可避免地出现一些现象,如一些中国人在同外国友人的交往中产生了感情,然后结婚,婚后感情不和,又走上了离婚的道路。或者是国内的夫妻双方因一方离开本国到国外定居或者经商学习,日久情疏,最终难免走上离婚的道路。同国内离婚案件类似,一般离婚方式有协议离婚或者诉讼离婚。协议离婚如果双方都同意离婚,对财产的分割都达成一致的条件下,直接签署离婚协议书即可。诉讼离婚如果是双方在国外办理的,判决须中国法院承认。如果在中国诉讼,国外的一方寄交的诉讼文书须经驻地国或当地的公证机关公证,并经我国驻该国使领馆认证或司法机关认可的其他机构出具的证明,人民法院才能受理和审理。当事人夫妻双方如果能协商离婚,包括对子女、财产、债务均能达成协议的,则可选择诉讼调解离婚或登记离婚。如果是在国内,夫妻双方在协商一致的情况下就可以办理离婚手续,但是如果是涉外离婚,则必须同时应考虑到各个国家或地区是否设立登记离婚制度,即行政离婚制度。有的国家只能通过诉讼离婚,如德国、英国、法国、荷兰。有的国家或地区兼用采诉讼离婚与行政登记离婚,如日本、葡萄牙,罗马尼亚、古巴、海地、墨西哥等。即便在某些国家地区中允许采用行政程序登记离婚的,也有一定的限制条件。

在《婚姻登记条例》实施前,我国公民与外国人离婚是不能通过登记离婚,必须经法院调解或判决。鉴于有些国家不承认离婚调解书,以调解结案的当事人可以要求法院以判决的形式离婚。《上海市涉外婚姻管理暂行规定》(中国唯一涉外离婚的地方性规章)中规定:"中国公民同外国人之间的婚姻,双方当事人自愿离婚或者一方当事人要求离婚,应当依法到人民法院提起离婚诉讼。"这种法律的复杂性就要求当事人应该将离婚案件交由律师来处理将更为妥当。这同时也要求涉外离婚案件的律师既要有很好的法律专业素质,还要求对其他各国的婚姻法及一些非法律强制性习俗要有相当的了解。无论是诉讼离婚还是协商离婚,在双方确定婚姻关系结束后,都需要办理离婚手续。那么涉外婚姻应该如何办理离婚手续。在涉外婚姻离婚中,可以分为两种情况来办理。如果是协议离婚的情况下,又是选择地在中国,中国人需提供本人的户口簿、身份证,本人的结婚证以及双方当事人共同签署的离婚协议书。外国人还应当出具本人的有效护照或其他有效国际旅行证件。从程序来看,协议离婚确实相对会简单点,但是如果涉及到一些当事人不是很熟悉国外的情况下,还是应该聘请一名律师作为法律顾问来协助自己处理相关事项。比如说,由于法院办理涉外离婚一般均要收费,我国法院的收费与国内离婚案件收费相同均为夫妻财产的1%。这表明当事人采用诉讼离婚,增加离婚成本。而选择登记离婚的,可以降低离婚成本。一般而言,采用登记方式,当事人需亲自到场才能办理协议离婚。当事人不到场而委托别人可以通过协议登记离婚的，只能是双方均在国外的留学生或在国外工作的，或夫妻双方均居住在国外的华侨（只有在居住地机关不予受理其离婚的情况下），才可以委托律师在其原地办理登记离婚。对于这些的了解，有助于当事人能够心平气和地坐下来解决问题事项，避免不必要的麻烦。但是，如果双方采用的是诉讼离婚方式，很多事情将会变得更加复杂化。

诉讼离婚是指双方在无法协商的情形下向有管辖权的法院提交离婚诉讼申请，由法院进行审理协调双方进行离婚处理。一般来说，双方选择诉讼离婚的，一般是因为感情破裂，或者对财产的划分存在难以协商的争议。但就涉外离婚案件来说，还存在一些特殊情况，比如一方因故（如在国外等）不能亲自到婚姻登记机关办理离婚的。双方要诉讼离婚的，双方任何一方均可向国内一方户籍所在地或居住地人民法院提起离婚诉讼，通过法院判决解除双方婚姻关系。在涉外离婚案件中，无论是双方自愿离婚还是一方要求离婚，一般最好是通过诉讼程序由我国法院作出判决的方式离婚。这是因为，有些国家只承认法院判决的离婚。在双方达成一致的情况下，有些法院可以适用简易程序当场为双方办妥离婚手续。《民事诉讼法》第二十三条规定：对于不在我国领域内居住的人提起的有关身份关系的诉讼，由原告住所地人民法院管辖；原告住所地与经常居住地不一致的，由原告经常居住地人民法院管辖。即与外国人离婚，可向本人住所地人民法院提起诉讼。如果由中国人民法院受理，则适用中国法律。境外一方所寄交的诉讼文书须经驻在国或当地的公证机关公证，并经我驻该国使领馆认证或司法机关认可的其他机构出具的证明，人民法院才能受理和审理。但如果涉外婚姻如国内婚姻对管辖地规定一般简单,则相对对律师的要求就不用那么高。就事实来看,虽然我们国家对此有相关规定,但不能否定,涉外离婚涉及到国家的公共秩序和本国公民的切身利益,世界各国常以当事人的住所、居所、国籍作为涉外离婚管辖的依据。以当事人的住所,居所为依据的,如英、美、瑞典等国家;以当事人的国籍为依据的,如法国、德国等国家。有些地方管辖非常宽松,如美国的阿拉斯加州,无论你是哪国公民,只要在该州住上六个星期,该州就有管辖权。受理法院准据法的制度及内国法制度的不同,直接影响当事人的权益,最为明显的是婚后夫妻共同财产制度规定的不同。英国和澳大利亚等英美法系国家实行夫妻分别财产制,在婚姻关系存续期间各自所得的财产也归各自所有。特别美国的情况比较特殊。它是一个这两种制度并存的国家。亚利桑那、加利福尼亚、爱达荷、路易斯安那,内华达、新墨西哥、得克萨斯、华盛顿和威斯康星等实行夫妻共有财产制。其余一些州及哥伦比亚特区和维尔京群岛实行夫妻分别财产制。这些复杂的情况要求律师对各国就离婚案件的管辖权及财产分割方式有相当的了解,才能做出对当事人最有利的辩护。我们也应该看到,在以下几种情况下,我国法院对涉外离婚案件也用管辖权。一是在国内结婚并定居国外的华侨,如定居国法院不予受理,可由婚姻缔结地人民法院管辖。二是在国外结婚并定居国外的华侨,如定居国法院不予受理的,由一方原住所地或在国内的最后居住所地人民法院管辖。三是中国公民一方居住在国外,一方居住在国内,不论哪一方向人民法院提起离婚诉讼,国内一方住所地人民法院都有管辖权。如国外一方在居住国法院起诉,国内一方可向人民法院起诉的。四是中国公民双方在国外但未定居,一方向人民法院起诉离婚的,应由婚姻缔结地人民法院管辖。

涉外离婚案件的复杂性不但体现在管辖权上，同时也因当事人的相互关系所处的地理位置不同也会有所不同。比如说案例中所提到的，夫妻一方在国内、一方在国外的情形下，应当如何走哪些程序，又如何聘请代理律师呢？在国外的一方当事人无论是作为原告还是被告，一般都不专程赶到国内参加诉讼，大多委托代理人律师代为离婚诉讼。委托代理人必须提交当事人本人书写的授权委托书。根据《民事诉讼法》的规定，从我国领域外寄交的授权委托书，应当经所在国公证机关证明，并经中华人民共和国驻该国使领馆认证，或者履行中华人民共和国与该所在国订立的有关条约中规定的证明手续后才具有效力。所以，在立案、审理时都应对授权委托书的合法性进行细致审查。需要注意的是，涉外婚姻离婚诉讼案件中在国外的一方当事人委托代理人的代理权限可以是特别授权代理。庭审时，普通离婚案件的当事人即使委托了代理人，一般仍应到庭参加诉讼；而涉外离婚案件中在国外的当事人如已特别授权委托代理人，其本人可以不到庭。在国外一方的当事人如果需要委托律师代理诉讼的，必须按照我国《民事诉讼法》的规定，只能委托中华人民共和国的律师。中国公民一方居住在国外，一方居住在国内，不论哪一方向我国人民法院提起离婚诉讼，国内一方住所地的人民法院都有权管辖。如国外一方在居住国法院起诉，国内一方向人民法院起诉的，我国人民法院有权受理。公民双方在国外都未定居，一方向人民法院起诉离婚的，应由原告或者被告住所地的人民法院管辖。在海外结婚并定居的华侨，如定居国法院以离婚诉讼须由国籍所属国法院管辖为由不予受理，当事人向人民法院提出离婚诉讼的，由一方原住所地或在国内的最后居住地人民法院受理。

关于离婚适用法律的问题。我国《民法通则》第一百四十七条规定，中国公民同外国人离婚，适用受理案件的法院所在地法律。根据这一规定，我国公民和外国人在我国申请离婚，应按我国《婚姻法》的规定办理；由外国法院受理的我国公民和外国人的离婚案件，按外国的法律规定办理。在确定有代理人代为处理离婚案件后，涉外离婚案件法律又该如何判决呢？如果是处于国内原告一方提出离婚请求时，当出现国外被告一方不同意离婚时，是判决准予离婚还是不准予离婚呢？除非提出离婚的原告当事人存在《婚姻法》规定的重婚、与他人同居、实施家庭暴力、虐待、遗弃家庭成员等过错情形外，法院都会准予原告的离婚请求。因为分别生活在两国的婚姻当事人即使只有一方提出离婚，往往是由于长期分居缺乏感情交流和共同生活以及出国后一方的境遇、生活、工作环境有了巨大的变化所致。如果地域的距离无法拉近，国与国的差距无法消除，在国内的一方又无法共同赴外，离婚将成为必然。法院早日判决准予离婚，将减少双方当事人的讼累和精神痛苦，也是给予公民更大的婚姻自由。离婚的时候，争议最多的地方肯定涉及到财产的分配。关于财产的审理，在审判实践中，存在对于国外一方当事人的财产无法审查的问题，容易导致分割夫妻共同财产不公正。在国内的当事人确实难以了解并提供在国外配偶的财产情况。即使申请法院调查，目前法院直接到国外去调查取证也并不可行。

在国外的当事人一般不可能亲自回国出庭，绝大多数委托代理人参加诉讼，而委托代理人则必须提交当事人本人书写的授权委托书，并应当经所在国公证机关证明，并经中华人民共和国驻该国使领馆认证，法院可要求该当事人在认证授权委托书的同时，向使领馆出具可靠的资产证明，并由使领馆审核。可以根据我国缔结或者参加的国际条约，或者按照互惠原则，请求外国当地法院代为调查国外当事人的财产状况。随着我国加入世贸组织，与外国法院互相委托调查的司法协助不仅更具操作性，而且相信将来会越来越频繁。在查明财产的情况下，此类离婚案件中财产的分割也与普通离婚案件有所不同。法官应当考虑双方当事人分居在国内外的实际情况，按照各自生活、工作的需要，合理分割，各自分别管理、使用的财产归各自所有，双方所分财产相差悬殊的差额部分，多得财产的一方应补偿另一方。在夫妻共同房屋等不动产的处理上，一般应归并给在所在国的一方当事人所有。

总的来说，涉外婚姻离婚诉讼程序中，关于一方在国内、一方在国外的如何处理的问题应当参考下面来执行。中国公民在国外未定居，其配偶居住在国内，不论哪一方向人民法院提起离婚诉讼，都由国内一方住所地的人民法院管辖。如果一方不能回国，那么无论双方同意离婚与否，都必须向法院提起离婚诉讼。在国外的一方可以委托其在中国的律师代理出庭应诉，但必须提供完整的符合法律规范要求的相关书面材料。这些书面材料包括授权委托书、离婚意见书、当事人身份的有效证明等，授权委托书和离婚意见书须经当地公证机关公证、我驻外使领馆认证，亦可由我驻外使领馆直接公证。离婚意见书包括同意离婚或不同意离婚的书面意见，关于财产分割、子女抚养等的书面处理意见。材料公证后交由国内一方的代理律师，委托人律师证可代表委托人出庭应诉，发表法律意见，参加法庭辩论，领取法律诉讼文书。

在离婚案件中，除了对财产的争夺外，还会更多地涉及到孩子的抚养权。此类离婚案件的当事人分居在国内和国外,子女有可能在国内,也可能在国外,为了有利于子女的生活和正常学习,以及考虑执行的实际可能性,子女一般由与子女实际生活的一方抚养为妥。但是如果该当事人存在重婚、与他人同居、实施家庭暴力、虐待、遗弃家庭成员等过错情形的则除外。如果子女已年满十周岁,应征求子女本人的意见为宜。同时,不同的国家的判决也会有所不同。大陆法系国家更多会考虑的是乏力要求,一般根据相关法律条文的规范来进行判决。而英美是判例案国度,法官的自由裁量权会比较大,这就要求律师既要有很好的专业素质,还要有很优秀的演说能力,能够感染到法官及陪审团人员,以保证能争取到孩子留在自己身边。

在涉外离婚诉讼中,还涉及到一个法律文书如何送达的问题。首先我们要确定的是,法院审理案件的时间是怎么规定的?在国内的当事人向不在我国领域内的当事人提出离婚诉讼,且在国外的当事人下落不明或法院无法向其送达诉讼文书时,也可以公告送达。与普通离婚案件不同的是:涉外离婚案件公告送达的期间为六个月,而普通离婚案件的公告送达的期间为六十天。此外,答辩期和上诉期等规定也不同:如被告在国外的,答辩期为三十天,即被告在收到起诉状副本后三十日内提出答辩状;而普通离婚案件的被告答辩期,根据《民事诉讼法》的规定,为十五天。上诉期也不同:在国外的当事人,不服第一审人民法院判决、裁定的,有权在判决书、裁定书送达之日起三十日内提出上诉,被上诉人在收到上诉状副本后,应当在三十日内提出答辩状;而普通离婚中,当事人不服法院第一审判决的,有权在判决书送达之日起十五日内提出上诉,被上诉人在收到上诉状副本之日起十五日内提出答辩状。虽然也有相关的规定,但是为了避免不必要的麻烦,有必要让律师来协助自己完成最后的文书送达的工作。

涉外婚姻离婚过程中,在国外的一方如何委托律师?以及能不能聘请外国律师来处理当事人的离婚案件呢?涉外婚姻离婚诉讼案件中的一方或双方,可以在不回国的情况下,委托律师代为办理离婚案件的,当事人必须向法院出具委托书和意见书,委托书和意见书须经当地公证机关公证、我驻外使领馆认证,亦可由我驻外使领馆直接公证。意见书包括同意离婚或不同意离婚的书面意见,要求离婚或同意离婚的,还要出具公证后的对有关财产的分割、子女扶养等的书面处理意见。对于在国外的一方,通常通过以下途径和程序委托律师:

1.通过邮件,确定委托关系。

2.指导委托人支付相关费用,后起草诉讼所需法律文书,通过邮件提交委托人。

3.指导委托人在境外办理公证、认证及证据收集和公证、认证等,并提交给律师。

4.律师收到文件后开始代理工作,并在结案后,将相关法律文书交付境外委托人。

实践中,对于境外一方当事人属于被告的情形下应当提交书面的离婚意见书无任何异议,而认为原告无需提交离婚意见书,总的来说,境外当事人不论原被告,均应当提交书面意见。涉外婚姻离婚过程中,需要委托国内律师代理案件的,需要委托授权,在具体的授权权限方面,建议应当特别授权。这样的话,在国外一方不能回国,不方便处理案件时,国内律师可以根据特别授权进行离婚诉讼。在涉婚姻离婚诉讼案件中,如果当事人的结婚时在国外登记注册的,那么,当事人的结婚证书需要进行公证和认证;如果其本人不能来中国进行离婚诉讼,他的身份证件,起诉状和离婚意见书等材料则需要进行公证和认证,或者直接在中国驻该国使领馆进行公证。但是,办理公证和认证的时候需要注意:首先,申请委托书公证的当事人必须亲自来总领馆办理。委托事项涉及夫妻双方利益的,必须双方同时到总领馆办理;其次,委托书应用墨水笔书写,字迹必须清楚、工整、不得涂改。委托书必须在领事面前签名,填写日期;最后,文书经使领馆公证后,不得任意拆装或涂改。而针对能不能聘请外国律师这个问题上,答案是非常明确的,不能。

在涉外婚姻离婚诉讼中,需要委托律师代理诉讼的,必须委托中华人民共和国的律师。这是因为,一国的司法制度只能适用本国,不能延伸于国外。律师制度是国家司法制度的组成部分,外国律师参加非本国法院的诉讼活动,关系到一个国家的司法主权问题。任何一个主权国家是不允许外国律师在本国执行律师职务的,否则,无异于让外国律师干预本国的司法审判。另外,当事人委托律师代理诉讼的目的在于求得律师提供法律上的帮助。外国律师对法院地国的法律是不熟悉的,委托非法院地国的律师,往往无助于案件的解决。委托中国律师,不排斥外国当事人委托其本国公民或者其他国家的公民作为诉讼代理人,不排斥外国驻华使领馆官员,受本国公民的委托,以个人名义担任该国当事人的诉讼代理人,也不排斥外国当事人委托中国公民作为诉讼代理人。

离婚案件看上去非常简单,但其实是非常难解决的法律案件,双方当事人既有情感上难以调和的一面,还有不能避免的财产分配纠纷,特别是涉外离婚案件,特别难以处理。这就要求律师既要有非常好的专业素养,也要能通情达理,能够帮助当事人处理好各种情况。

附录一：

中华人民共和国律师法

中华人民共和国主席令

第七十六号

《中华人民共和国律师法》已由中华人民共和国第十届全国人民代表大会常务委员会第三十次会议于 2007 年 10 月 28 日修订通过,现将修订后的《中华人民共和国律师法》公布,自 2008 年 6 月 1 日起施行。

中华人民共和国主席　胡锦涛

2007 年 10 月 28 日

（1996 年 5 月 15 日第八届全国人民代表大会常务委员会第十九次会议通过根据 2001 年 12 月 29 日第九届全国人民代表大会常务委员会第二十五次会议《关于修改〈中华人民共和国律师法〉的决定》修正 2007 年 10 月 28 日第十届全国人民代表大会常务委员会第三十次会议修订）

目　录

第一章　总　则

第一章　总　　则

第一条　为了完善律师制度,规范律师执业行为,保障律师依法执业,发挥律师在社会主义法制建设中的作用,制定本法。

第二条　本法所称律师,是指依法取得律师执业证书,接受委托或者指定,为当事人提供法律服务的执业人员。

律师应当维护当事人合法权益,维护法律正确实施,维护社会公平和正义。

第三条　律师执业必须遵守宪法和法律,恪守律师职业道德和执业纪律。

律师执业必须以事实为根据,以法律为准绳。

律师执业应当接受国家、社会和当事人的监督。

律师依法执业受法律保护,任何组织和个人不得侵害律师的合法权益。

第四条　司法行政部门依照本法对律师、律师事务所和律师协会进行监督、指导。

第二章 律师执业许可

第五条 申请律师执业,应当具备下列条件:

(一)拥护中华人民共和国宪法;

(二)通过国家统一司法考试;

(三)在律师事务所实习满一年;

(四)品行良好。

实行国家统一司法考试前取得的律师资格凭证,在申请律师执业时,与国家统一司法考试合格证书具有同等效力。

第六条 申请律师执业,应当向设区的市级或者直辖市的区人民政府司法行政部门提出申请,并提交下列材料:

(一)国家统一司法考试合格证书;

(二)律师协会出具的申请人实习考核合格的材料;

(三)申请人的身份证明;

(四)律师事务所出具的同意接收申请人的证明。

申请兼职律师执业的,还应当提交所在单位同意申请人兼职从事律师职业的证明。

受理申请的部门应当自受理之日起二十日内予以审查,并将审查意见和全部申请材料报送省、自治区、直辖市人民政府司法行政部门。省、自治区、直辖市人民政府司法行政部门应当自收到报送材料之日起十日内予以审核,作出是否准予执业的决定。准予执业的,向申请人颁发律师执业证书;不准予执业的,向申请人书面说明理由。

第七条 申请人有下列情形之一的,不予颁发律师执业证书:

（一）无民事行为能力或者限制民事行为能力的；

（二）受过刑事处罚的，但过失犯罪的除外；

（三）被开除公职或者被吊销律师执业证书的。

第八条 具有高等院校本科以上学历，在法律服务人员紧缺领域从事专业工作满十五年，具有高级职称或者同等专业水平并具有相应的专业法律知识的人员，申请专职律师执业的，经国务院司法行政部门考核合格，准予执业。具体办法由国务院规定。

第九条 有下列情形之一的，由省、自治区、直辖市人民政府司法行政部门撤销准予执业的决定，并注销被准予执业人员的律师执业证书：

（一）申请人以欺诈、贿赂等不正当手段取得律师执业证书的；

（二）对不符合本法规定条件的申请人准予执业的。

第十条 律师只能在一个律师事务所执业。律师变更执业机构的，应当申请换发律师执业证书。

律师执业不受地域限制。

第十一条 公务员不得兼任执业律师。

律师担任各级人民代表大会常务委员会组成人员的，任职期间不得从事诉讼代理或者辩护业务。

第十二条 高等院校、科研机构中从事法学教育、研究工作的人员，符合本法第五条规定条件的，经所在单位同意，依照本法第六条规定的程序，可以申请兼职律师执业。

第十三条 没有取得律师执业证书的人员，不得以律师名义从事法律服务业务；除法律另有规定外，不得从事诉讼代理或者辩护业务。

第三章　律师事务所

第十四条　律师事务所是律师的执业机构。设立律师事务所应当具备下列条件：

（一）有自己的名称、住所和章程；

（二）有符合本法规定的律师；

（三）设立人应当是具有一定的执业经历，且三年内未受过停止执业处罚的律师；

（四）有符合国务院司法行政部门规定数额的资产。

第十五条　设立合伙律师事务所，除应当符合本法第十四条规定的条件外，还应当有三名以上合伙人，设立人应当是具有三年以上执业经历的律师。

合伙律师事务所可以采用普通合伙或者特殊的普通合伙形式设立。合伙律师事务所的合伙人按照合伙形式对该律师事务所的债务依法承担责任。

第十六条　设立个人律师事务所，除应当符合本法第十四条规定的条件外，设立人还应当是具有五年以上执业经历的律师。设立人对律师事务所的债务承担无限责任。

第十七条　申请设立律师事务所，应当提交下列材料：

（一）申请书；

（二）律师事务所的名称、章程；

（三）律师的名单、简历、身份证明、律师执业证书；

（四）住所证明；

(五)资产证明。

设立合伙律师事务所,还应当提交合伙协议。

第十八条 设立律师事务所,应当向设区的市级或者直辖市的区人民政府司法行政部门提出申请,受理申请的部门应当自受理之日起二十日内予以审查,并将审查意见和全部申请材料报送省、自治区、直辖市人民政府司法行政部门。省、自治区、直辖市人民政府司法行政部门应当自收到报送材料之日起十日内予以审核,作出是否准予设立的决定。准予设立的,向申请人颁发律师事务所执业证书;不准予设立的,向申请人书面说明理由。

第十九条 成立三年以上并具有二十名以上执业律师的合伙律师事务所,可以设立分所。设立分所,须经拟设立分所所在地的省、自治区、直辖市人民政府司法行政部门审核。申请设立分所的,依照本法第十八条规定的程序办理。

合伙律师事务所对其分所的债务承担责任。

第二十条 国家出资设立的律师事务所,依法自主开展律师业务,以该律师事务所的全部资产对其债务承担责任。

第二十一条 律师事务所变更名称、负责人、章程、合伙协议的,应当报原审核部门批准。

律师事务所变更住所、合伙人的,应当自变更之日起十五日内报原审核部门备案。

第二十二条 律师事务所有下列情形之一的,应当终止:

(一)不能保持法定设立条件,经限期整改仍不符合条件的;

(二)律师事务所执业证书被依法吊销的;

（三）自行决定解散的；

（四）法律、行政法规规定应当终止的其他情形。

律师事务所终止的，由颁发执业证书的部门注销该律师事务所的执业证书。

第二十三条 律师事务所应当建立健全执业管理、利益冲突审查、收费与财务管理、投诉查处、年度考核、档案管理等制度，对律师在执业活动中遵守职业道德、执业纪律的情况进行监督。

第二十四条 律师事务所应当于每年的年度考核后，向设区的市级或者直辖市的区人民政府司法行政部门提交本所的年度执业情况报告和律师执业考核结果。

第二十五条 律师承办业务，由律师事务所统一接受委托，与委托人签订书面委托合同，按照国家规定统一收取费用并如实入账。

律师事务所和律师应当依法纳税。

第二十六条 律师事务所和律师不得以诋毁其他律师事务所、律师或者支付介绍费等不正当手段承揽业务。

第二十七条 律师事务所不得从事法律服务以外的经营活动。

第四章 律师的业务和权利、义务

第二十八条 律师可以从事下列业务：

（一）接受自然人、法人或者其他组织的委托，担任法律顾问；

（二）接受民事案件、行政案件当事人的委托，担任代理人，参加诉讼；

（三）接受刑事案件犯罪嫌疑人的委托，为其提供法律咨询，代理申诉、控告,为被逮捕的犯罪嫌疑人申请取保候审,接受犯罪嫌疑人、被告人的委托或者人民法院的指定,担任辩护人,接受自诉案件自诉人、公诉案件被害人或者其近亲属的委托,担任代理人,参加诉讼;

(四)接受委托,代理各类诉讼案件的申诉;

(五)接受委托,参加调解、仲裁活动;

(六)接受委托,提供非诉讼法律服务;

(七)解答有关法律的询问、代写诉讼文书和有关法律事务的其他文书。

第二十九条 律师担任法律顾问的,应当按照约定为委托人就有关法律问题提供意见,草拟、审查法律文书,代理参加诉讼、调解或者仲裁活动,办理委托的其他法律事务,维护委托人的合法权益。

第三十条 律师担任诉讼法律事务代理人或者非诉讼法律事务代理人的,应当在受委托的权限内,维护委托人的合法权益。

第三十一条 律师担任辩护人的,应当根据事实和法律,提出犯罪嫌疑人、被告人无罪、罪轻或者减轻、免除其刑事责任的材料和意见,维护犯罪嫌疑人、被告人的合法权益。

第三十二条 委托人可以拒绝已委托的律师为其继续辩护或者代理,同时可以另行委托律师担任辩护人或者代理人。

律师接受委托后,无正当理由的,不得拒绝辩护或者代理。但是,委托事项违法、委托人利用律师提供的服务从事违法活动或者委托人故意隐瞒与案件有关的重要事实的,律师有权拒绝辩护或者代理。

第三十三条 犯罪嫌疑人被侦查机关第一次讯问或者采取强制措施之日起,受委托的律师凭律师执业证书、律师事务所证明和委托书或者法律援助公函,有权会见犯罪嫌疑人、被告人并了解有关案件情况。律师会见犯罪嫌疑人、被告人,不被监听。

第三十四条 受委托的律师自案件审查起诉之日起,有权查阅、摘抄和复制与案件有关的诉讼文书及案卷材料。受委托的律师自案件被人民法院受理之日起,有权查阅、摘抄和复制与案件有关的所有材料。

第三十五条 受委托的律师根据案情的需要,可以申请人民检察院、人民法院收集、调取证据或者申请人民法院通知证人出庭作证。

律师自行调查取证的,凭律师执业证书和律师事务所证明,可以向有关单位或者个人调查与承办法律事务有关的情况。

第三十六条 律师担任诉讼代理人或者辩护人的,其辩论或者辩护的权利依法受到保障。

第三十七条 律师在执业活动中的人身权利不受侵犯。

律师在法庭上发表的代理、辩护意见不受法律追究。但是,发表危害国家安全、恶意诽谤他人、严重扰乱法庭秩序的言论除外。

律师在参与诉讼活动中因涉嫌犯罪被依法拘留、逮捕的,拘留、逮捕机关应当在拘留、逮捕实施后的二十四小时内通知该律师的家属、所在的律师事务所以及所属的律师协会。

第三十八条 律师应当保守在执业活动中知悉的国家秘密、商业秘密,不得泄露当事人的隐私。

律师对在执业活动中知悉的委托人和其他人不愿泄露的情况和信息,应当予以保密。但是,委托人或者其他人准备或者正在实施的危害国家安全、公共安全以及其他严重危害他人人身、财产安全的犯罪事实和信息除外。

第三十九条 律师不得在同一案件中为双方当事人担任代理人，不得代理与本人或者其近亲属有利益冲突的法律事务。

第四十条 律师在执业活动中不得有下列行为：

（一）私自接受委托、收取费用，接受委托人的财物或者其他利益；

（二）利用提供法律服务的便利牟取当事人争议的权益；

（三）接受对方当事人的财物或者其他利益，与对方当事人或者第三人恶意串通，侵害委托人的权益；

（四）违反规定会见法官、检察官、仲裁员以及其他有关工作人员；

（五）向法官、检察官、仲裁员以及其他有关工作人员行贿，介绍贿赂或者指使、诱导当事人行贿，或者以其他不正当方式影响法官、检察官、仲裁员以及其他有关工作人员依法办理案件；

（六）故意提供虚假证据或者威胁、利诱他人提供虚假证据，妨碍对方当事人合法取得证据；

（七）煽动、教唆当事人采取扰乱公共秩序、危害公共安全等非法手段解决争议；

（八）扰乱法庭、仲裁庭秩序，干扰诉讼、仲裁活动的正常进行。

第四十一条 曾经担任法官、检察官的律师，从人民法院、人民检察院离任后二年内，不得担任诉讼代理人或者辩护人。

第四十二条 律师、律师事务所应当按照国家规定履行法律援助义务，为受援人提供符合标准的法律服务，维护受援人的合法权益。

第五章 律师协会

第四十三条 律师协会是社会团体法人，是律师的自律性组织。

全国设立中华全国律师协会,省、自治区、直辖市设立地方律师协会,设区的市根据需要可以设立地方律师协会。

第四十四条 全国律师协会章程由全国会员代表大会制定,报国务院司法行政部门备案。

地方律师协会章程由地方会员代表大会制定,报同级司法行政部门备案。地方律师协会章程不得与全国律师协会章程相抵触。

第四十五条 律师、律师事务所应当加入所在地的地方律师协会。加入地方律师协会的律师、律师事务所,同时是全国律师协会的会员。

律师协会会员享有律师协会章程规定的权利,履行律师协会章程规定的义务。

第四十六条 律师协会应当履行下列职责:

(一)保障律师依法执业,维护律师的合法权益;

(二)总结、交流律师工作经验;

(三)制定行业规范和惩戒规则;

(四)组织律师业务培训和职业道德、执业纪律教育,对律师的执业活动进行考核;

(五)组织管理申请律师执业人员的实习活动,对实习人员进行考核;

(六)对律师、律师事务所实施奖励和惩戒;

(七)受理对律师的投诉或者举报,调解律师执业活动中发生的纠纷,受理律师的申诉;

(八)法律、行政法规、规章以及律师协会章程规定的其他职责。

律师协会制定的行业规范和惩戒规则,不得与有关法律、行政法规、规章相抵触。

第六章　法律责任

第四十七条　律师有下列行为之一的,由设区的市级或者直辖市的区人民政府司法行政部门给予警告,可以处五千元以下的罚款;有违法所得的,没收违法所得;情节严重的,给予停止执业三个月以下的处罚:

(一)同时在两个以上律师事务所执业的;

(二)以不正当手段承揽业务的;

(三)在同一案件中为双方当事人担任代理人,或者代理与本人及其近亲属有利益冲突的法律事务的;

(四)从人民法院、人民检察院离任后二年内担任诉讼代理人或者辩护人的;

(五)拒绝履行法律援助义务的。

第四十八条　律师有下列行为之一的, 由设区的市级或者直辖市的区人民政府司法行政部门给予警告,可以处一万元以下的罚款;有违法所得的,没收违法所得;情节严重的,给予停止执业三个月以上六个月以下的处罚:

(一)私自接受委托、收取费用,接受委托人财物或者其他利益的;

(二)接受委托后,无正当理由,拒绝辩护或者代理,不按时出庭参加诉讼或者仲裁的;

(三)利用提供法律服务的便利牟取当事人争议的权益的;

(四)泄露商业秘密或者个人隐私的。

第四十九条 律师有下列行为之一的，由设区的市级或者直辖市的区人民政府司法行政部门给予停止执业六个月以上一年以下的处罚，可以处五万元以下的罚款；有违法所得的，没收违法所得；情节严重的，由省、自治区、直辖市人民政府司法行政部门吊销其律师执业证书；构成犯罪的，依法追究刑事责任：

（一）违反规定会见法官、检察官、仲裁员以及其他有关工作人员，或者以其他不正当方式影响依法办理案件的；

（二）向法官、检察官、仲裁员以及其他有关工作人员行贿，介绍贿赂或者指使、诱导当事人行贿的；

（三）向司法行政部门提供虚假材料或者有其他弄虚作假行为的；

（四）故意提供虚假证据或者威胁、利诱他人提供虚假证据，妨碍对方当事人合法取得证据的；

（五）接受对方当事人财物或者其他利益，与对方当事人或者第三人恶意串通，侵害委托人权益的；

（六）扰乱法庭、仲裁庭秩序，干扰诉讼、仲裁活动的正常进行的；

（七）煽动、教唆当事人采取扰乱公共秩序、危害公共安全等非法手段解决争议的；

（八）发表危害国家安全、恶意诽谤他人、严重扰乱法庭秩序的言论的；

（九）泄露国家秘密的。

律师因故意犯罪受到刑事处罚的，由省、自治区、直辖市人民政府司法行政部门吊销其律师执业证书。

第五十条 律师事务所有下列行为之一的，由设区的市级或者直辖市的区人民政府司法行政部门视其情节给予警告、停业整顿一个月以上六个月以下的处罚,可以处十万元以下的罚款;有违法所得的,没收违法所得;情节特别严重的,由省、自治区、直辖市人民政府司法行政部门吊销律师事务所执业证书:

(一)违反规定接受委托、收取费用的;

(二)违反法定程序办理变更名称、负责人、章程、合伙协议、住所、合伙人等重大事项的;

(三)从事法律服务以外的经营活动的;

(四)以诋毁其他律师事务所、律师或者支付介绍费等不正当手段承揽业务的;

(五)违反规定接受有利益冲突的案件的;

(六)拒绝履行法律援助义务的;

(七)向司法行政部门提供虚假材料或者有其他弄虚作假行为的;

(八)对本所律师疏于管理,造成严重后果的。

律师事务所因前款违法行为受到处罚的,对其负责人视情节轻重,给予警告或者处二万元以下的罚款。

第五十一条 律师因违反本法规定,在受到警告处罚后一年内又发生应当给予警告处罚情形的,由设区的市级或者直辖市的区人民政府司法行政部门给予停止执业三个月以上一年以下的处罚;在受到停止执业处罚期满后二年内又发生应当给予停止执业处罚情形的,由省、自治区、直辖市人民政府司法行政部门吊销其律师执业证书。

律师事务所因违反本法规定,在受到停业整顿处罚期满后二年内又发生应当给予停业整顿处罚情形的,由省、自治区、直辖市人民政府司法行政部门吊销律师事务所执业证书。

第五十二条　县级人民政府司法行政部门对律师和律师事务所的执业活动实施日常监督管理,对检查发现的问题,责令改正;对当事人的投诉,应当及时进行调查。县级人民政府司法行政部门认为律师和律师事务所的违法行为应当给予行政处罚的,应当向上级司法行政部门提出处罚建议。

第五十三条　受到六个月以上停止执业处罚的律师,处罚期满未逾三年的,不得担任合伙人。

第五十四条　律师违法执业或者因过错给当事人造成损失的,由其所在的律师事务所承担赔偿责任。律师事务所赔偿后,可以向有故意或者重大过失行为的律师追偿。

第五十五条　没有取得律师执业证书的人员以律师名义从事法律服务业务的,由所在地的县级以上地方人民政府司法行政部门责令停止非法执业,没收违法所得,处违法所得一倍以上五倍以下的罚款。

第五十六条　司法行政部门工作人员违反本法规定,滥用职权、玩忽职守,构成犯罪的,依法追究刑事责任;尚不构成犯罪的,依法给予处分。

第七章　附　则

第五十七条　为军队提供法律服务的军队律师,其律师资格的取得和权利、义务及行为准则,适用本法规定。军队律师的具体管理办法,由国务院和中央军事委员会制定。

第五十八条　外国律师事务所在中华人民共和国境内设立机构从

事法律服务活动的管理办法,由国务院制定。

  第五十九条 律师收费办法,由国务院价格主管部门会同国务院司法行政部门制定。

  第六十条 本法自 2008 年 6 月 1 日起施行。

附录二：

律师执业管理办法

中华人民共和国司法部令

第 112 号

《律师执业管理办法》已经 2008 年 5 月 28 日司法部部务会议审议通过,现予发布,自发布之日起施行。

司法部部长 吴爱英

二〇〇八年七月十八日

第一章 总 则

第一条 为了规范律师执业许可,保障律师依法执业,加强对律师执业行为的监督和管理,根据《中华人民共和国律师法》(以下简称《律师法》)和其他有关法律、法规的规定,制定本办法。

第二条 律师是指依法取得律师执业证书,接受委托或者指定,为当事人提供法律服务的执业人员。

第三条 律师通过执业活动,应当维护当事人合法权益,维护法律正确实施,维护社会公平和正义。

第四条 律师依法执业受法律保护,任何组织和个人不得侵害律师的合法权益。

司法行政机关和律师协会应当依法维护律师的执业权利。

第五条 司法行政机关依照《律师法》和本办法的规定对律师执业进行监督、指导。

律师协会依照《律师法》、协会章程和行业规范对律师执业实行行业自律。

第二章 律师执业条件

第六条 申请律师执业,应当具备下列条件:

(一)拥护中华人民共和国宪法;

(二)通过国家统一司法考试取得法律职业资格证书;

(三)在律师事务所实习满一年;

(四)品行良好。

实行国家统一司法考试前取得的律师资格证书,在申请律师执业时,与法律职业资格证书具有同等效力。

享受国家统一司法考试有关报名条件、考试合格优惠措施,取得法律职业资格证书的,其申请律师执业的地域限制,按照有关规定办理。

申请律师执业的人员,应当按照规定参加律师协会组织的实习活动,并经律师协会考核合格。

第七条 申请兼职律师执业,除符合本办法第六条规定的条件外,还应当具备下列条件：

（一）在高等院校、科研机构中从事法学教育、研究工作；

（二）经所在单位同意。

第八条 申请特许律师执业，应当符合《律师法》和国务院有关条例规定的条件。

第九条 有下列情形之一的人员，不得从事律师职业：

（一）无民事行为能力或者限制民事行为能力的；

（二）受过刑事处罚的，但过失犯罪的除外；

（三）被开除公职或者被吊销律师执业证书的。

第三章 律师执业许可程序

第十条 律师执业许可，由设区的市级或者直辖市的区（县）司法行政机关受理执业申请并进行初审，报省、自治区、直辖市司法行政机关审核，作出是否准予执业的决定。

第十一条 申请律师执业，应当向设区的市级或者直辖市的区（县）司法行政机关提交下列材料：

（一）执业申请书；

（二）法律职业资格证书或者律师资格证书；

（三）律师协会出具的申请人实习考核合格的材料；

（四）申请人的身份证明；

（五）律师事务所出具的同意接收申请人的证明。

申请执业许可时，申请人应当如实填报《律师执业申请登记表》。

第十二条 申请兼职律师执业，除按照本办法第十一条的规定提交

有关材料外,还应当提交下列材料:

(一)在高等院校、科研机构从事法学教育、研究工作的经历及证明材料;

(二)所在单位同意申请人兼职律师执业的证明。

第十三条 设区的市级或者直辖市的区(县)司法行政机关对申请人提出的律师执业申请,应当根据下列情况分别作出处理:

(一)申请材料齐全、符合法定形式的,应当受理;

(二)申请材料不齐全或者不符合法定形式的,应当当场或者自收到申请材料之日起五日内一次告知申请人需要补正的全部内容。申请人按要求补正的,予以受理;逾期不告知的,自收到申请材料之日起即为受理。

(三)申请事项明显不符合法定条件或者申请人拒绝补正、无法补正有关材料的,不予受理,并向申请人书面说明理由。

第十四条 受理申请的司法行政机关应当自决定受理之日起二十日内完成对申请材料的审查。

在审查过程中,可以征求申请执业地的县级司法行政机关的意见;对于需要调查核实有关情况的,可以要求申请人提供有关的证明材料,也可以委托县级司法行政机关进行核实。

经审查,应当对申请人是否符合法定条件、提交的材料是否真实齐全出具审查意见,并将审查意见和全部申请材料报送省、自治区、直辖市司法行政机关。

第十五条 省、自治区、直辖市司法行政机关应当自收到受理申请机关报送的审查意见和全部申请材料之日起十日内予以审核,作出是否准予执业的决定。

准予执业的，应当自决定之日起十日内向申请人颁发律师执业证书。

不准予执业的，应当向申请人书面说明理由。

第十六条 申请特许律师执业，需要提交的材料以及受理、考核、批准的程序，依照国务院有关条例的规定办理。

第十七条 申请人有本办法第九条规定情形之一的，不得准予其律师执业。

第十八条 律师执业证书是律师依法获准执业的有效证件。

律师执业证书应当载明的内容、制作的规格、证号编制办法，由司法部规定。执业证书由司法部统一制作。

第十九条 有下列情形之一的，由作出准予该申请人执业决定的省、自治区、直辖市司法行政机关撤销原准予执业的决定，收回并注销其律师执业证书：

(一)申请人以欺诈、贿赂等不正当手段取得准予执业决定的；

(二)对不符合法定条件的申请人准予执业或者违反法定程序作出准予执业决定的。

第二十条 律师变更执业机构，应当向拟变更的执业机构所在地设区的市级或者直辖市的区(县)司法行政机关提出申请，并提交下列材料：

(一)原执业机构所在地县级司法行政机关出具的申请人不具有本办法第二十一条规定情形的证明；

(二)与原执业机构解除聘用关系或者合伙关系以及办结业务、档案、财务等交接手续的证明；

(三)拟变更的执业机构同意接收申请人的证明；

(四)申请人的执业经历证明材料。

受理机关应当对变更申请及提交的材料出具审查意见，并连同全部申请材料报送省、自治区、直辖市司法行政机关审核。对准予变更的，由审核机关为申请人换发律师执业证书；对不准予变更的，应当向申请人书面说明理由。有关审查、核准、换证的期限，参照本办法第十四条、第十五条规定的程序办理。

准予变更的，申请人在领取新的执业证书前，应当将原执业证书上交原审核颁证机关。

律师跨设区的市或者省、自治区、直辖市变更执业机构的，原执业机构所在地和变更的执业机构所在地的司法行政机关之间应当交接该律师执业档案。

第二十一条 律师受到停止执业处罚期间，不得申请变更执业机构；律师事务所受到停业整顿处罚期限未满的，该所负责人、合伙人和对律师事务所受到停业整顿处罚负有直接责任的律师不得申请变更执业机构；律师事务所应当终止的，在完成清算、办理注销前，该所负责人、合伙人和对律师事务所被吊销执业许可证负有直接责任的律师不得申请变更执业机构。

第二十二条 律师被所在的律师事务所派驻分所执业的，其律师执业证书的换发及管理办法，按照司法部有关规定办理。

第二十三条 律师有下列情形之一的，由其执业地的原审核颁证机关收回、注销其律师执业证书：

（一）受到吊销律师执业证书处罚的；

（二）原准予执业的决定被依法撤销的；

（三）因本人不再从事律师职业申请注销的；

（四）因与所在律师事务所解除聘用合同或者所在的律师事务所被注销,在六个月内未被其他律师事务所聘用的；

（五）因其他原因终止律师执业的。

因前款第（三）项、第（四）项、第（五）项规定情形被注销律师执业证书的人员,重新申请律师执业的,按照本办法规定的程序申请律师执业。

第四章　律师执业行为规范

第二十四条 律师执业必须遵守宪法和法律,恪守律师职业道德和执业纪律。

律师执业必须以事实为根据,以法律为准绳。

律师执业应当接受国家、社会和当事人的监督。

第二十五条 律师可以从事下列业务：

（一）接受自然人、法人或者其他组织的委托,担任法律顾问；

（二）接受民事案件、行政案件当事人的委托,担任代理人,参加诉讼；

（三）接受刑事案件犯罪嫌疑人的委托,为其提供法律咨询,代理申诉、控告,为被逮捕的犯罪嫌疑人申请取保候审,接受犯罪嫌疑人、被告人的委托或者人民法院的指定,担任辩护人,接受自诉案件自诉人、公诉案件被害人或者其近亲属的委托,担任代理人,参加诉讼；

(四)接受委托,代理各类诉讼案件的申诉;

(五)接受委托,参加调解、仲裁活动;

(六)接受委托,提供非诉讼法律服务;

(七)解答有关法律的询问、代写诉讼文书和有关法律事务的其他文书。

第二十六条 律师承办业务,应当由律师事务所统一接受委托,与委托人签订书面委托合同,并服从律师事务所对受理业务进行的利益冲突审查及其决定。

第二十七条 律师不得在同一案件中为双方当事人担任代理人,不得代理与本人及其近亲属有利益冲突的法律事务。

律师担任各级人民代表大会常务委员会组成人员的,任职期间不得从事诉讼代理或者辩护业务。

曾经担任法官、检察官的律师,从人民法院、人民检察院离任后二年内,不得担任诉讼代理人或者辩护人。

第二十八条 律师担任法律顾问的,应当按照约定为委托人就有关法律问题提供意见,草拟、审查法律文书,代理参加诉讼、调解或者仲裁活动,办理委托的其他法律事务,维护委托人的合法权益。

第二十九条 律师担任诉讼法律事务代理人或者非诉讼法律事务代理人的,应当在受委托的权限内代理法律事务,维护委托人的合法权益。

第三十条 律师担任辩护人的,应当根据事实和法律,提出犯罪嫌疑人、被告人无罪、罪轻或者减轻、免除其刑事责任的材料和意见,维护犯罪嫌疑人、被告人的合法权益。

第三十一条 律师出具法律意见,应当严格依法履行职责,保证其所出具意见的真实性、准确性、完整性。

律师提供法律咨询、代写法律文书,应当以事实为根据,以法律为准绳,并符合法律咨询规则和法律文书体例、格式的要求。

第三十二条 律师承办业务,应当告知委托人该委托事项办理可能出现的法律风险,不得用明示或者暗示方式对办理结果向委托人作出不当承诺。

律师承办业务,应当及时向委托人通报委托事项办理进展情况;需要变更委托事项、权限的,应当征得委托人的同意和授权。

律师接受委托后,无正当理由的,不得拒绝辩护或者代理,但是,委托事项违法,委托人利用律师提供的服务从事违法活动或者委托人故意隐瞒与案件有关的重要事实的,律师有权拒绝辩护或者代理。

第三十三条 律师承办业务应当引导委托人通过合法的途径、手段主张权利、解决争议,不得煽动、教唆委托人采取扰乱公共秩序、危害公共安全等非法手段解决争议。

律师不得利用提供法律服务的便利牟取当事人争议的权益,不得接受对方当事人的财物或者其他利益,不得与对方当事人或者第三人恶意串通,侵害委托人权益。

第三十四条 律师代理参与诉讼、仲裁或者行政处理活动,应当遵守法庭、仲裁庭纪律和行政处理规则,不得有下列妨碍、干扰诉讼、仲裁或者行政处理活动正常进行的行为:

(一)违反规定会见法官、检察官、仲裁员以及其他有关工作人员;

(二)向案件承办人员行贿、许诺提供利益或者指使、诱导委托人

行贿;

(三)故意向司法机关、仲裁机构或者行政机关提供虚假证据或者威胁、利诱他人提供虚假证据,妨碍对方当事人合法取得证据;

(四)在法庭上发表危害国家安全、诽谤他人、扰乱法庭秩序的言论;

(五)法律规定的妨碍、干扰诉讼、仲裁或者行政处理活动正常进行的其他行为。

第三十五条 律师应当尊重同行,公平竞争,不得以诋毁其他律师事务所、律师或者支付介绍费等不正当手段承揽业务。

第三十六条 律师应当保守在执业活动中知悉的国家秘密、商业秘密,不得泄露当事人隐私。

律师对在执业活动中知悉的委托人和其他人不愿泄露的情况和信息,应当予以保密。但委托人或者其他人准备或者正在实施的危害国家安全、公共安全以及其他严重危害他人人身、财产安全的犯罪事实和信息除外。

第三十七条 律师承办业务,应当按照规定由律师事务所向委托人统一收取律师费和有关办案费用,不得私自收费,不得接受委托人的财物或者其他利益。

第三十八条 律师应当按照国家规定履行法律援助义务,为受援人提供符合标准的法律服务,维护受援人的合法权益。

第三十九条 律师承办业务,应当妥善保管与承办事项有关的法律文书、证据材料、业务文件和工作记录。在法律事务办结后,按照有关规定立卷建档,上交律师事务所保管。

第四十条 律师只能在一个律师事务所执业。

律师在从业期间应当专职执业,但兼职律师或者法律、行政法规另有规定的除外。

律师执业,应当遵守所在律师事务所的执业管理制度,接受律师事务所的指导和监督,参加律师执业年度考核。

第四十一条 律师应当妥善使用和保管律师执业证书,不得变造、抵押、出借、出租。如有遗失或者损毁的,应当及时报告所在地县级司法行政机关,经所在地设区的市级或者直辖市区(县)司法行政机关向原审核颁证机关申请补发或者换发。律师执业证书遗失的,应当在当地报刊上刊登遗失声明。

律师被撤销执业许可,受到吊销执业证书处罚的,由其执业机构所在地县级司法行政机关收缴其执业证书。

律师受到停止执业处罚的,应当自处罚决定生效后至处罚期限届满前,将律师执业证书缴存其执业机构所在地县级司法行政机关。

第四十二条 律师应当按照规定参加司法行政机关和律师协会组织的职业培训。

第五章 司法行政机关的监督管理

第四十三条 县级司法行政机关对其执业机构在本行政区域的律师的执业活动进行日常监督管理,履行下列职责:

(一)检查、监督律师在执业活动中遵守法律、法规、规章和职业道德、执业纪律的情况;

(二)受理对律师的举报和投诉;

(三)监督律师履行行政处罚和实行整改的情况;

(四)掌握律师事务所对律师执业年度考核的情况;

(五)司法部和省、自治区、直辖市司法行政机关规定的其他职责。

县级司法行政机关在开展日常监督管理过程中,发现、查实律师在执业活动中存在问题的,应当对其进行警示谈话,责令改正,并对其整改情况进行监督;对律师的违法行为认为依法应当给予行政处罚的,应当向上一级司法行政机关提出处罚建议;认为需要给予行业惩戒的,移送律师协会处理。

第四十四条 设区的市级司法行政机关履行下列监督管理职责:

(一)掌握本行政区域律师队伍建设和发展情况,制定加强律师队伍建设的措施和办法;

(二)指导、监督下一级司法行政机关对律师执业的日常监督管理工作,组织开展对律师执业的专项检查或者专项考核工作,指导对律师重大投诉案件的查处工作;

(三)对律师进行表彰;

(四)依法定职权对律师的违法行为实施行政处罚;对依法应当给予吊销律师执业证书处罚的,向上一级司法行政机关提出处罚建议;

(五)对律师事务所的律师执业年度考核结果实行备案监督;

(六)受理、审查律师执业、变更执业机构、执业证书注销申请事项;

(七)建立律师执业档案,负责有关律师执业许可、变更、注销等信息的公开工作;

(八)法律、法规、规章规定的其他职责。

直辖市的区(县)司法行政机关负有前款规定的有关职责。

第四十五条 省、自治区、直辖市司法行政机关履行下列监督管理职责：

（一）掌握、评估本行政区域律师队伍建设情况和总体执业水平，制定律师队伍的发展规划和有关政策，制定加强律师执业管理的规范性文件；

（二）监督、指导下级司法行政机关对律师执业的监督管理工作，组织、指导对律师执业的专项检查或者专项考核工作；

（三）组织对律师的表彰活动；

（四）依法对律师的严重违法行为实施吊销律师执业证书的处罚，监督、指导下一级司法行政机关的行政处罚工作，办理有关行政复议和申诉案件；

（五）办理律师执业核准、变更执业机构核准和执业证书注销事项；

（六）负责有关本行政区域律师队伍、执业情况、管理事务等重大信息的公开工作；

（七）法律、法规、规章规定的其他职责。

第四十六条 各级司法行政机关及其工作人员对律师执业实施监督管理，不得妨碍律师依法执业，不得侵害律师的合法权益，不得索取或者收受律师的财物，不得谋取其他利益。

第四十七条 司法行政机关应当加强对实施律师执业许可和日常监督管理活动的层级监督，按照规定建立有关工作的统计、请示、报告、督办等制度。

负责律师执业许可实施、律师执业年度考核结果备案或者奖励、处罚的司法行政机关，应当及时将有关许可决定、备案情况、奖惩情况通报下级司法行政机关,并报送上一级司法行政机关。

第四十八条 司法行政机关应当加强对律师协会的指导、监督,支持律师协会依照《律师法》和协会章程、行业规范对律师执业活动实行行业自律,建立健全行政管理与行业自律相结合的协调、协作机制。

第四十九条 各级司法行政机关应当定期将本行政区域律师队伍建设、执业活动情况的统计资料、年度管理工作总结报送上一级司法行政机关。

第五十条 司法行政机关工作人员在律师执业许可和实施监督管理活动中,滥用职权、玩忽职守,构成犯罪的,依法追究刑事责任;尚不构成犯罪的,依法给予行政处分。

第六章　附　则

第五十一条 省、自治区、直辖市司法行政机关可以依据本办法制定具体实施办法,报司法部备案。

第五十二条 本办法自发布之日起施行。此前司法部制定的有关律师执业管理的规章、规范性文件与本办法相抵触的,以本办法为准。

附录三：

律师事务所管理办法

发文单位：中华人民共和国司法部

文　　号：中华人民共和国司法部令第 111 号

发布日期：2008 年 7 月 18 日

执行日期：2008 年 7 月 18 日

《律师事务所管理办法》已经 2008 年 5 月 28 日司法部部务会议审议通过，现予发布，自发布之日起施行。

部长 吴爱英

二〇〇八年七月十八日

第一章　总　　则

第一条　为了规范律师事务所的设立，加强对律师事务所的监督和管理，根据《中华人民共和国律师法》（以下简称《律师法》）和其他有关法律、法规的规定，制定本办法。

第二条　律师事务所是律师的执业机构。律师事务所应当依法设立并取得执业许可证。

第三条　律师事务所应当依法开展业务活动,加强内部管理和对律师执业行为的监督,依法承担相应的法律责任。任何组织和个人不得非法干预律师事务所的业务活动,不得侵害律师事务所的合法权益。

第四条　司法行政机关依照《律师法》和本办法的规定对律师事务所进行监督、指导。

律师协会依照《律师法》、协会章程和行业规范,对律师事务所实行行业自律。

第二章　律师事务所的设立条件

第五条　律师事务所可以由律师合伙设立、律师个人设立或者由国家出资设立。

合伙律师事务所可以采用普通合伙或者特殊的普通合伙形式设立。

第六条　设立律师事务所应当具备下列基本条件:

(一)有自己的名称、住所和章程;

(二)有符合《律师法》和本办法规定的律师;

(三)设立人应当是具有一定的执业经历并能够专职执业的律师,且在申请设立前三年内未受过停止执业处罚;

(四)有符合本办法规定数额的资产。

第七条　设立普通合伙律师事务所,除应当符合本办法第六条规定的条件外,还应当具备下列条件:

（一）有书面合伙协议；

（二）有三名以上合伙人作为设立人；

（三）设立人应当是具有三年以上执业经历并能够专职执业的律师；

（四）有人民币三十万元以上的资产。

第八条 设立特殊的普通合伙律师事务所,除应当符合本办法第六条规定的条件外,还应当具备下列条件：

（一）有书面合伙协议；

（二）有二十名以上合伙人作为设立人；

（三）设立人应当是具有三年以上执业经历并能够专职执业的律师；

（四）有人民币一千万元以上的资产。

第九条 设立个人律师事务所,除应当符合本办法第六条规定的条件外,还应当具备下列条件：

（一）设立人应当是具有五年以上执业经历并能够专职执业的律师；

（二）有人民币十万元以上的资产。

第十条 国家出资设立的律师事务所,除符合《律师法》规定的一般条件外,应当至少有二名符合《律师法》规定并能够专职执业的律师。

需要国家出资设立律师事务所的,由当地县级司法行政机关筹建,申请设立许可前须经所在地县级人民政府有关部门核拨编制、提供经费保障。

第十一条 省、自治区、直辖市司法行政机关可以根据本地经济社会发展状况和律师业发展需要，适当调整本办法规定的普通合伙律师事务所、特殊的普通合伙律师事务所和个人律师事务所的设立资产数额，报司法部批准后实施。

第十二条 设立律师事务所，其申请的名称应当符合司法部有关律师事务所名称管理的规定，并应当在申请设立许可前按规定办理名称检索。

第十三条 律师事务所负责人人选，应当在申请设立许可时一并报审核机关核准。

合伙律师事务所的负责人，应当从本所合伙人中经全体合伙人选举产生；国家出资设立的律师事务所的负责人，由本所律师推选，经所在地县级司法行政机关同意。

个人律师事务所设立人是该所的负责人。

第十四条 律师事务所章程应当包括下列内容：

(一)律师事务所的名称和住所；

(二)律师事务所的宗旨；

(三)律师事务所的组织形式；

(四)设立资产的数额和来源；

(五)律师事务所负责人的职责以及产生、变更程序；

(六)律师事务所决策、管理机构的设置、职责；

(七)本所律师的权利与义务；

(八)律师事务所有关执业、收费、财务、分配等主要管理制度；

(九)律师事务所解散的事由、程序以及清算办法；

(十)律师事务所章程的解释、修改程序；

（十一）其他需要载明的事项。

设立合伙律师事务所的,其章程还应当载明合伙人的姓名、出资额及出资方式。

律师事务所章程的内容不得与有关法律、法规、规章相抵触。

律师事务所章程自省、自治区、直辖市司法行政机关作出准予设立律师事务所决定之日起生效。

第十五条 合伙协议应当载明下列内容:

（一）合伙人,包括姓名、居住地、身份证号、律师执业经历等;

（二）合伙人的出资额及出资方式;

（三）合伙人的权利、义务;

（四）合伙律师事务所负责人的职责以及产生、变更程序;

（五）合伙人会议的职责、议事规则等;

（六）合伙人收益分配及债务承担方式;

（七）合伙人入伙、退伙及除名的条件和程序;

（八）合伙人之间争议的解决方法和程序,违反合伙协议承担的责任;

（九）合伙协议的解释、修改程序;

（十）其他需要载明的事项。

合伙协议的内容不得与有关法律、法规、规章相抵触。

合伙协议由全体合伙人协商一致并签名,自省、自治区、直辖市司法行政机关作出准予设立律师事务所决定之日起生效。

第三章 律师事务所设立许可程序

第十六条 律师事务所的设立许可,由设区的市级或者直辖市的区

（县）司法行政机关受理设立申请并进行初审，报省、自治区、直辖市司法行政机关进行审核，作出是否准予设立的决定。

第十七条 申请设立律师事务所，应当向所在地设区的市级或者直辖市的区（县）司法行政机关提交下列材料：

（一）设立申请书；

（二）律师事务所的名称、章程；

（三）设立人的名单、简历、身份证明、律师执业证书，律师事务所负责人人选；

（四）住所证明；

（五）资产证明。

设立合伙律师事务所，还应当提交合伙协议。

设立国家出资设立的律师事务所，应当提交所在地县级人民政府有关部门出具的核拨编制、提供经费保障的批件。

申请设立许可时，申请人应当如实填报《律师事务所设立申请登记表》。

第十八条 设区的市级或者直辖市的区（县）司法行政机关对申请人提出的设立律师事务所申请，应当根据下列情况分别作出处理：

（一）申请材料齐全、符合法定形式的，应当受理；

（二）申请材料不齐全或者不符合法定形式的，应当当场或者自收到申请材料之日起五日内一次告知申请人需要补正的全部内容。申请人按要求补正的，予以受理；逾期不告知的，自收到申请材料之日起即为受理；

（三）申请事项明显不符合法定条件或者申请人拒绝补正、无法补正有关材料的,不予受理,并向申请人书面说明理由。

第十九条 受理申请的司法行政机关应当在决定受理之日起二十日内完成对申请材料的审查。

在审查过程中,可以征求拟设立律师事务所所在地县级司法行政机关的意见;对于需要调查核实有关情况的,可以要求申请人提供有关证明材料,也可以委托县级司法行政机关进行核实。

经审查,应当对设立律师事务所的申请是否符合法定条件、材料是否真实齐全出具审查意见,并将审查意见和全部申请材料报送省、自治区、直辖市司法行政机关。

第二十条 省、自治区、直辖市司法行政机关应当自收到受理申请机关报送的审查意见和全部申请材料之日起十日内予以审核,作出是否准予设立律师事务所的决定。

准予设立的,应当自决定之日起十日内向申请人颁发律师事务所执业许可证。

不准予设立的,应当向申请人书面说明理由。

第二十一条 律师事务所执业许可证分为正本和副本。正本用于办公场所悬挂,副本用于接受查验。正本和副本具有同等的法律效力。

律师事务所执业许可证应当载明的内容、制作的规格、证号编制办法,由司法部规定。执业许可证由司法部统一制作。

第二十二条 律师事务所设立申请人应当在领取执业许可证后的六十日内,按照有关规定刻制印章、开立银行账户、办理税务登记,完成律师事务所开业的各项准备工作,并将刻制的律师事务所公章、财务章印模和开立的银行账户报所在地设区的市级或者直辖市的区(县)司法行政机关备案。

第二十三条 有下列情形之一的,由作出准予设立律师事务所决定的省、自治区、直辖市司法行政机关撤销原准予设立的决定,收回并注销律师事务所执业许可证:

(一)申请人以欺骗、贿赂等不正当手段取得准予设立决定的;

(二)对不符合法定条件的申请或者违反法定程序作出准予设立决定的。

第四章 律师事务所的变更和终止

第二十四条 律师事务所变更名称、负责人、章程、合伙协议的,应当经所在地设区的市级或者直辖市的区(县)司法行政机关审查后报原审核机关批准。具体办法按律师事务所设立许可程序办理。

律师事务所变更住所、合伙人的,应当自变更之日起十五日内经所在地设区的市级或者直辖市的区(县)司法行政机关报原审核机关备案。

第二十五条 律师事务所跨县、不设区的市、市辖区变更住所,需要相应变更负责对其实施日常监督管理的司法行政机关的,应当在办理备案手续后,由其所在地设区的市级司法行政机关或者直辖市司法行政机关将有关变更情况通知律师事务所迁入地的县级司法行政机关。

律师事务所拟将住所迁移其他省、自治区、直辖市的,应当按注销原律师事务所、设立新的律师事务所的程序办理。

第二十六条 律师事务所变更合伙人,包括吸收新合伙人、合伙人退伙、合伙人因法定事由或者经合伙人会议决议被除名。

新合伙人应当从专职执业的律师中产生，并具有三年以上执业经历，但司法部另有规定的除外。受到六个月以上停止执业处罚的律师，处罚期满未逾三年的，不得担任合伙人。合伙人退伙、被除名的，律师事务所应当依照法律、本所章程和合伙协议处理相关财产权益、债务承担等事务。

因合伙人变更需要修改合伙协议的，修改后的合伙协议应当按照本办法第二十四条第一款的规定报批。

第二十七条 律师事务所变更组织形式的，应当在自行依法处理好业务衔接、人员安排、资产处置、债务承担等事务并对章程、合伙协议作出相应修改后，方可按照本办法第二十四条第一款的规定申请变更。

第二十八条 律师事务所因分立、合并，需要对原律师事务所进行变更或者注销原律师事务所、设立新的律师事务所的，应当在自行依法处理好相关律师事务所的业务衔接、人员安排、资产处置、债务承担等事务后，提交分立协议或者合并协议等申请材料，按照本办法的相关规定办理。

第二十九条 成立三年以上并具有二十名以上执业律师的合伙律师事务所，可以设立分所。设立分所，须经拟设立分所所在地的省、自治区、直辖市司法行政机关审核。律师事务所分所管理办法，另行制定。

第三十条 律师事务所有下列情形之一的，应当终止：

（一）不能保持法定设立条件，经限期整改仍不符合条件的；

（二）执业许可证被依法吊销的；

（三）自行决定解散的；

（四）法律、行政法规规定应当终止的其他情形。

律师事务所在取得设立许可后，六个月内未开业或者无正当理由停止业务活动满一年的，视为自行停办，应当终止。

律师事务所在受到停业整顿处罚期限未满前，不得自行决定解散。

第三十一条 律师事务所在终止事由发生后，应当向社会公告，依照有关规定进行清算，依法处置资产分割、债务清偿等事务。因被吊销执业许可证终止的，由作出该处罚决定的司法行政机关向社会公告。因其他情形终止、律师事务所拒不公告的，由设区的市级或者直辖市的区（县）司法行政机关向社会公告。律师事务所自终止事由发生后，不得受理新的业务。

律师事务所应当在清算结束后十五日内向所在地设区的市级或者直辖市的区（县）司法行政机关提交注销申请书、清算报告、本所执业许可证以及其他有关材料，由其出具审查意见后连同全部注销申请材料报原审核机关审核，办理注销手续。

律师事务所被注销的，其业务档案、财务账簿、本所印章的移管、处置，按照有关规定办理。

第五章 律师事务所执业和管理规则

第三十二条 律师事务所应当依照《律师法》和有关法律、法规、规章及行业规范，建立健全执业管理和其他各项内部管理制度，加强对本所律师执业行为的监督。

律师应当接受律师事务所的监督管理。

第三十三条 律师承办业务，由律师事务所统一接受委托，与委托人签订书面委托合同。

律师事务所受理业务,应当进行利益冲突审查,不得违反规定受理与本所承办业务及其委托人有利益冲突的业务。

第三十四条 律师事务所组织开展业务活动,应当指导本所律师依法执业,履行法律援助义务,建立承办重大疑难案件的集体研究和请示报告制度,对律师在执业活动中遵守法律、法规、规章,遵守职业道德和执业纪律的情况进行监督,发现问题及时予以纠正。

第三十五条 律师事务所应当按照有关规定统一收费,建立健全收费管理制度,及时查处有关违规收费的举报和投诉。

律师事务所应当按照规定建立健全财务管理制度,建立和实行合理的分配制度及激励机制。

律师事务所应当依法纳税。

律师事务所不得从事法律服务以外的经营活动。

第三十六条 合伙律师事务所和国家出资设立的律师事务所应当按照规定为聘用的律师和辅助人员办理失业、养老、医疗等社会保险。

个人律师事务所聘用律师和辅助人员的,应当按前款规定为其办理社会保险。

第三十七条 律师事务所应当按照规定,建立执业风险、事业发展、社会保障等基金。

律师参加执业责任保险的具体办法另行规定。

第三十八条 律师违法执业或者因过错给当事人造成损失的,由其所在的律师事务所承担赔偿责任。律师事务所赔偿后,可以向有故意或者重大过失行为的律师追偿。

普通合伙律师事务所的合伙人对律师事务所的债务承担无限连带

责任。特殊的普通合伙律师事务所一个合伙人或者数个合伙人在执业活动中因故意或者重大过失造成律师事务所债务的，应当承担无限责任或者无限连带责任，其他合伙人以其在律师事务所中的财产份额为限承担责任；合伙人在执业活动中非因故意或者重大过失造成的律师事务所债务，由全体合伙人承担无限连带责任。个人律师事务所的设立人对律师事务所的债务承担无限责任。国家出资设立的律师事务所以其全部资产对其债务承担责任。

第三十九条 律师事务所的负责人负责对律师事务所的业务活动和内部事务进行管理，对外代表律师事务所，依法承担对律师事务所违法行为的管理责任。

合伙人会议或者律师会议为合伙律师事务所或者国家出资设立的律师事务所的决策机构；个人律师事务所的重大决策应当充分听取聘用律师的意见。

律师事务所根据本所章程可以设立相关管理机构或者配备专职管理人员，协助本所负责人开展日常管理工作。

第四十条 律师事务所应当加强对本所律师的职业道德和执业纪律教育，组织开展业务学习和经验交流活动，为律师参加业务培训和继续教育提供条件。

第四十一条 律师事务所应当建立投诉查处制度，及时查处、纠正本所律师在执业活动中的违法违规行为，调处在执业中与委托人之间的纠纷；认为需要对被投诉律师给予行政处罚或者行业惩戒的，应当及时向所在地县级司法行政机关或者律师协会报告。

对于年度考核不合格或者严重违反本所章程及管理制度的律师，

律师事务所可以与其解除聘用关系或者经合伙人会议通过将其除名，有关处理结果报所在地县级司法行政机关和律师协会备案。

已担任合伙人的律师受到六个月以上停止执业处罚的，自处罚决定生效之日起至处罚期满后三年内，不得担任合伙人。

第四十二条 律师事务所应当建立律师执业年度考核制度，按照规定对本所律师的执业表现和遵守职业道德、执业纪律的情况进行考核，评定等次，实施奖惩，建立律师执业档案。

第四十三条 律师事务所应当于每年的一季度经所在地县级司法行政机关向设区的市级司法行政机关提交上一年度本所执业情况报告和律师执业考核结果，直辖市的律师事务所的执业情况报告和律师执业考核结果直接向所在地区(县)司法行政机关提交，接受司法行政机关的年度检查考核。具体年度检查考核办法，由司法部规定。

第四十四条 律师事务所应当按照规定建立健全档案管理制度，对所承办业务的案卷和有关资料及时立卷归档，妥善保管。

第四十五条 律师事务所应当妥善保管、依法使用本所执业许可证，不得变造、出借、出租。如有遗失或者损毁的，应当及时报告所在地县级司法行政机关，经所在地设区的市级或者直辖市区(县)司法行政机关向原审核机关申请补发或者换发。律师事务所执业许可证遗失的，应当在当地报刊上刊登遗失声明。

律师事务所被撤销许可、受到吊销执业许可证处罚的，由所在地县级司法行政机关收缴其执业许可证。

律师事务所受到停业整顿处罚的，应当自处罚决定生效后至处罚期限届满前，将执业许可证缴存其所在地县级司法行政机关。

第六章　司法行政机关的监督管理

第四十六条　县级司法行政机关对本行政区域内的律师事务所的执业活动进行日常监督管理,履行下列职责:

(一)监督律师事务所在开展业务活动过程中遵守法律、法规、规章的情况;

(二)监督律师事务所执业和内部管理制度的建立和实施情况;

(三)监督律师事务所保持法定设立条件以及变更报批或者备案的执行情况;

(四)监督律师事务所进行清算、申请注销的情况;

(五)监督律师事务所开展律师执业年度考核和上报年度执业总结的情况;

(六)受理对律师事务所的举报和投诉;

(七)监督律师事务所履行行政处罚和实行整改的情况;

(八)司法部和省、自治区、直辖市司法行政机关规定的其他职责。

县级司法行政机关在开展日常监督管理过程中,对发现、查实的律师事务所在执业和内部管理方面存在的问题,应当对律师事务所负责人或者有关律师进行警示谈话,责令改正,并对其整改情况进行监督;对律师事务所的违法行为认为依法应当给予行政处罚的,应当向上一级司法行政机关提出处罚建议;认为需要给予行业惩戒的,移送律师协会处理。

第四十七条　设区的市级司法行政机关履行下列监督管理职责:

(一)掌握本行政区域律师事务所的执业活动和组织建设、队伍建

设、制度建设的情况,制定加强律师工作的措施和办法;

(二)指导、监督下一级司法行政机关的日常监督管理工作,组织开展对律师事务所的专项监督检查工作,指导对律师事务所重大投诉案件的查处工作;

(三)对律师事务所进行表彰;

(四)依法定职权对律师事务所的违法行为实施行政处罚;对依法应当给予吊销执业许可证处罚的,向上一级司法行政机关提出处罚建议;

(五)组织开展对律师事务所的年度检查考核工作;

(六)受理、审查律师事务所设立、变更、设立分所、注销申请事项;

(七)建立律师事务所执业档案,负责有关律师事务所的许可、变更、终止及执业档案信息的公开工作;

(八)法律、法规、规章规定的其他职责。

直辖市的区(县)司法行政机关负有前款规定的有关职责。

第四十八条 省、自治区、直辖市司法行政机关履行下列监督管理职责:

(一)制定本行政区域律师事务所的发展规划和有关政策,制定律师事务所管理的规范性文件;

(二)掌握本行政区域律师事务所组织建设、队伍建设、制度建设和业务开展情况;

(三)监督、指导下级司法行政机关的监督管理工作,指导对律师事务所的专项监督检查和年度检查考核工作;

(四)组织对律师事务所的表彰活动;

(五)依法对律师事务所的严重违法行为实施吊销执业许可证的处罚,监督下一级司法行政机关的行政处罚工作,办理有关行政复议和申诉案件;

(六)办理律师事务所设立核准、变更核准或者备案、设立分所核准及执业许可证注销事项;

(七)负责本行政区域律师事务所有关重大信息的公开工作;

(八)法律、法规规定的其他职责。

第四十九条 各级司法行政机关及其工作人员对律师事务所实施监督管理,不得妨碍律师事务所依法执业,不得侵害律师事务所的合法权益,不得索取或者收受律师事务所及其律师的财物,不得谋取其他利益。

第五十条 司法行政机关应当加强对实施许可和管理活动的层级监督,按照规定建立有关工作的统计、请示、报告、督办等制度。

负责律师事务所许可实施、年度检查考核或者奖励、处罚的司法行政机关,应当及时将有关许可决定、考核结果或者奖惩情况通报下级司法行政机关,并报送上一级司法行政机关。

第五十一条 司法行政机关应当加强对律师协会的指导、监督,支持律师协会依照《律师法》和协会章程、行业规范对律师事务所实行行业自律,建立健全行政管理与行业自律相结合的协调、协作机制。

第五十二条 各级司法行政机关应当定期将本行政区域律师事务所的组织、队伍、业务情况的统计资料、年度管理工作总结报送上一级司法行政机关。

第五十三条 司法行政机关工作人员在律师事务所设立许可和实

施监督管理活动中,滥用职权、玩忽职守,构成犯罪的,依法追究刑事责任;尚不构成犯罪的,依法给予行政处分。

第七章　附　则

　　第五十四条　省、自治区、直辖市司法行政机关可以依据本办法制定具体实施办法,报司法部备案。

　　第五十五条　本办法自发布之日起施行。此前司法部制定的有关律师事务所管理的规章、规范性文件与本办法相抵触的,以本办法为准。

中华人民共和国司法部